마음의
주인이
되어라

단사리 그 이후, 내면의 자유를 완성하는 법

" 네 마음을 지켜라. 생명의 근원이 이에서 남이니라. " < 솔로몬의 잠언서 4:23 >

이 책은 13년 전 출간되어, 이제 완전히 절판되어 구하지 못 하는 책의 개정 증보판이며, 이 책은 《단사리(斷捨離) 마음혁명 3부작》 시리즈 중의 한 권이다. 이 시리즈는 "마음이 바뀌면 인생이 바뀐다." 라는 공통된 철학을 중심으로 3단 구조로 구성되어 있다. 전체 주제는 '단사리(斷捨離)를 통한 내면 혁명 → 자유의 회복과 해방 → 깨달음과 완성' 흐름이다. 제1권: 혁명(Revolution) — 끊고, 버리고, 떠나라, 부제: 나를 바꾸는 마음 혁명 지침서 _ 단·사·리(斷·捨·離)이며, 제2권: 해방(Liberation) — 마음의 주인이 되어라, 부제: 단사리 그 이후, 내면의 자유를 완성하는 법이며, 제3권: 완성(Realization) — 내려놓으면 모든 것이 온다, 부제: 단사리의 완성, 깨달음과 자유의 인생 철학이다. >

프롤로그: 삶의 혁명은 마음에서부터 시작된다.

"우리 세대가 이루어낸 가장 위대한 발견은 인간이 자신의 마음 자세를 바꿈으로써 삶 그 자체를 변화시킬 수 있다는 사실을 발견한 것이다."
< 윌리엄 제임스 >

시중에 나와 있는 어떤 책을 읽다가, 문득 다음과 같은 생각이 들었다.

" 아닌데, 물건이나 환경을 정리 정돈한다고 해서 우리 삶이 바뀌는 것은 아닌데!"

라는 생각이었다. 정리 정돈을 하고, 쓰지 않는 물건을 버리면, 우리 마음도 역시 정리정돈이 되어, 행복해질 수 있다는 메시지를 담고 있는 책이었다. 물론 이 책이 주장하고 있는 것이 완전히 틀렸다고는 할 수 없다. 단지 저자의 생각과 다를 뿐이다. 그래서 나는 이 책과 다른 견해를 가진 수많은 사람 중의 한 명으로, 그 다른 견해를 세상에 알리고 싶었다. 그래서 이 책이 탄생하게 된 것이다.

우리의 환경이 우리의 생각을 바꾸고, 우리를 행복하게 해 주는 것이 아니라, 우리의 마음이 우리의 환경을 바꾸고, 우리의 인생을 바꾼다는 사실을 말하고 싶었다.

누군가는 말한다.

" 내 환경이 엉망이기 때문에, 내 인생도 그런 거야."

하지만 사실은 그렇지 않다. 그것도 정반대로 말이다. 내 인생이 엉망이기 때문에, 내 환경도 그렇게 된 것이다. 그렇기 때문에, 환경을 바꾼다고 내 인생이 바뀌어 지는 것이 아니다. 인생을 바꾸고 싶다면, 먼저 마음을 바꾸어야 하는 것이다.

아주 오래전에 읽었던 책 중에 어떤 한 부분이 아직도 기억나는 책이 있다. 물론 그 책의 제목이나, 작가의 이름은 기억나지 않는다. 하지만 그 책 내용

중에 바로 이 부분은 아직도 기억난다.

술주정뱅이이며, 전과자로, 번듯한 직업도 없이, 술만 마시며, 가족들이 힘들게 벌어 온 돈을 다 탕진하고, 그것도 모자라서 폭언과 폭행을 일삼으며, 자신의 처지를 비관하며, 언제나 술에 취해서 자기 몸도 가누지 못 하면서, 세상에 대해 온갖 불평, 불만과 욕설을 내뱉으며, 하루하루 살아가는 병 든 아버지가 있는 가난에 찌든 비참한 가정 환경에서 똑같이 두 형제가 자랐다.

그리고 이십 년이 흘렀다. 두 형제의 삶은 모습은 어떻게 변해 있었을까?

이십 년 후 형은 아버지와 똑같은 전과자에, 주정뱅이에, 실업자가 되어 있었다. 하시만 동생은 그런 사람들과 전혀 다른 반듯한 변호사가 되어 있었다.

무엇이 이 두 형제의 삶을 가른 것일까? 그것은 바로 '마음' 이었던 것이다. 형은 술주정뱅이 아버지와 가난에 찌든 가정환경 속에서 하루하루 살면서, 자신의 마음도 환경에 영향을 받는 것을 거부하지 못하고, 자신의 마음이 그러한 환경에 얽매이고, 사로잡히게 그대로 내버려두었다. 하지만 동생은 그러한 환경이 자신의 마음을 사로잡도록 내버려두지 않았다. 마음으로부터 그러한 환경을 몰아내기 위해, 환경과 연결된 모든 연결을 끊어 버리고, 환경과 관련된 부정적인 생각들을 모두 버리고, 환경이 만들어 주는 비참한 상황을 마음으로부터 떠났다. 그 결과 동생은 환경을 극복하고, 환경의 주인이 되어, 성공적인 삶을 살아 나갈 수 있었다.

이 이야기가 우리에게 전달하고 싶은 메시지는 무엇일까? 그것은 환경이 아무리 어렵고, 복잡해도, 그것을 극복해 내어 주인이 되느냐, 아니면, 그 환경의 노예가 되어, 환경이 원하는 대로의 비참한 인생을 살 것인지는 오롯이 우리 마음에 달려 있다는 것이다.

" 삶의 모습을 결정짓는 것은 환경이 아니라, 우리의 마음이다."

환경이 바뀌면, 인생이 바뀌는 것이 아니라, 환경이 바뀌지 않아도, 마음이 바뀌면, 환경도 따라서 바뀌고, 인생도 바뀌는 것이다. 왜냐하면 환경이 가진 끌어당김의 힘보다, 더 큰 것은 마음의 힘이기 때문이다. 환경이 아무리 정리 정돈이 잘 되어 있고, 좋아도, 별 볼 일 없는 사람이 되어, 인생을 낭비하는 사람들이 우리 주위에 적지 않다는 사실을 우리는 알고 있다.

우리 미래의 삶은 현재의 우리 마음을 반사해 주는 거울에 불과하다. 우리 마음이 현재 풍요롭고, 자유롭다면, 미래 우리의 모습도 또한 그럴 것이다. 하지만 현재 우리 마음이 복잡하고, 어수선하고, 혼란스럽다면, 미래 우리의 삶의 모습도 어김없이 또한 그럴 것이다. 그러므로 우리는 무엇보다 마음을 혁명해야 한다.

마음이 바뀌면, 말이 바뀐다. 마음이 바뀌면 행동이 바뀐다. 마음이 바뀌면 태도가 바뀐다. 마음이 강하면, 우리의 모습도 강한 모습으로 바뀐다. 마음이 넓으면, 우리의 인생도 넓어진다. 마음이 크면, 우리는 큰 인생을 살 수 있다. 마음이 온유하면, 우리의 삶도 그렇게 된다.

우리가 주거하는 집과 환경이 크고 좋다고 우리 인생이 큰 인생이 되고, 좋은 인생을 살 수 있는 것은 절대 아니다.

잘 나가던 직장과 성공에 대한 집착을 끊고, 그러한 욕심을 버리고, 그러한 환경을 떠났을 때, 비로소 인생의 혁명이 시작되었음을 수많은 선배는 경험했다. 우리를 괴롭히고 있는 모든 것들을 끊고, 버리고, 떠났을 때, 비로소 눈에 보이지 않았던 참된 인생의 길이 보이기 시작하는 것임을 이 책은 말하고 있다.

인생의 성공과 부는 그것을 끝까지 붙잡고, 놓지 않는 사람에게 다가오는 것이 아니라, 그것들을 물 흐르듯, 바람 불듯, 끊고, 버리고, 떠날 줄 아는 초연한 사람에게 찾아오는 것이다. 왜냐하면, 돈을 좇아, 직업을 선택한 사람은 절대 부자가 되지 못 하지만, 돈에 대한 집착을 버리고, 자신이 좋아하는 일을 직업으로 선택한 사람은 역설적으로 돈까지 따라 오는 것을 경험하기 때문이다. 그것도 풍요로움과 자유, 평화와 안정, 행복과 건강 등이 모두 함께 말이다.

우리가 마음의 평화를 경험하기 위해 다른 사람이나 물건들이 반드시 변화될 필요는 없다. 그저 우리 마음이 변하면 된다. 그것이 마음 혁명이 가지고 있는 가장 큰 유익함이다. 우리가 행복을 느끼고, 성공적인 삶을 살기 위해서 돈이 많고, 환경이 좋아야만 하는 것은 아니다. 단지 우리 마음에서 혁명이 일어나기만 하면, 그러한 삶이 가능하다.

우리의 현실은 우리 마음의 상태를 반영한 것에 불과하다. 하루 종일 어떤 생각을 마음속으로 하느냐에 따라 그 사람의 모습이 정해진다. 환경을 바꾸면, 인생도 바뀔 수 있다고 생각하는 사람들을 위해, 제임스 앨런의 표현을 빌려서, 반박하자면, "상황이 인간을 만드는 것이 아니라, 인간의 내면이 상황으로 드러나는 것뿐"이라는 사실을 거듭 말하고 싶은 것이다.

"성공과 실패를 가르는 것도, 가난과 부를 가르는 것도, 행복과 불행을 가르는 것도 결국 우리의 마음과 생각이다."

마음 혁명을 통해 우리는 행복한 삶뿐만 아니라, 성공과 부도 거머쥘 수 있다. 성공과 부의 출발점은 마음과 생각이기 때문이다. 성공한 사람들은 이미 마음에서 성공을 향해 나아가도록 프로그래밍 되어 있듯이, 실패하는 사람은 이미 마음에서 실패를 하도록 프로그래밍 되어 있음을 알아야 한다. 이것은 부자와 가난한 사람의 경우 같게 적용된다. 그리고 행복한 사람과 불행한 사람도 그렇다.

세상에서 가장 강력하고 창조적인 에너지를 가지고 있는 것은 바로 우리의 마음이다. 마음으로부터 성공과 실패, 가난과 부, 행복과 불행이 결정 되는 것이다.

이 책을 통해, 마음을 혁명하는 법을 배워서, 불행한 삶에서 행복한 삶으로, 가난한 삶에서 풍요로운 삶으로, 실패의 삶에서 성공의 삶으로 인생을 변화시켜 나갈 수 있을 것이다.

 삶의 모든 집착과 중독을 끊고(斷, 끊을 단), 욕심과 욕망을 버리고(捨, 버릴 사), 껍데기뿐인 거짓 성공과 부의 길에서 떠나는(離, 떠날 리) 단·사·리(斷·捨·離) 마음 혁명(Mind Revolution)을 통해, 행복하고 건강하고 성공적인 인생으로 자신의 인생까지도 혁명하는 참된 개혁자가 될 수 있을 것이다. 그 결과보다 나은 삶을 살 수 있게 될 것이다.

" 가난한 삶에서 풍요로운 삶으로, 실패한 인생에서 성공한 인생으로, 불행한 인생에서
행복한 인생으로 인생을 혁명하는 최고의 방법! 마음 혁명의 세계로 당신을 초대한다. "

어제와 다른 삶을 살고 싶다면, 마음을 열고, 마음을 혁명해 보라. 새로운 세상이 기다리고 있을 것이다.

　풍요롭고, 자유롭고, 평화로운 삶을 사는 기술!

구매한 지 2년도 안 된 나의 유일한 저가 노트북이 또 말썽이다.

키보드는 사자마자 1개월이 채 안 되어 고장이 날 정도로, 밥만 먹고 글 쓰는 것에만 매달렸다. 2년도 채 안 된 작은 저가 노트북이 마치 십 년 동안 쓴 것처럼 닳고 닳았다. 그만큼 많이 갖고 다니면서, 집필 작업을 했다.

 폭우가 내리치던 어느 여름날 아침,

나는 가방 속에 노트북이 있다는 사실도 모른 채, 엄청난 폭우를 피하기 위해, 도서관까지 뛰어갔다. 우산을 아무리 받쳐도, 온몸에 빗방울이 침투해 들어올 정도로 그 기세가 실로 대단했다.

 간신히 도서관에 도착하여, 노트북을 책상 위에 내려놓았다. 다행히 비는 많이 맞지 않았다. 안도의 한숨을 내쉬었다. 하지만 그러한 안도의 마음은 곧바로 사라졌다. 노트북의 화면이 마치 물감이 퍼진 것처럼 보이기 시작했기 때문이다. 난감했다. 너무 노트북을 혹사했나 보다.

이제 어떻게 해야 하지?

결국 나는 큰맘을 먹기로 했다.

새로운 저가 노트북을 하나 구매하기로 했다. 저가로 가장 저렴하게 쓸만한 노트북을 구매하는 방법은 두 가지이다. 하나는 욕심을 버리는 것이고, 또 하나는 손발이 고생하는 것이다. 첫 번째 방법은 욕심을 버리고, 불필요한 사양을 다 버리고, 필요한 사항들, 이른바 자료 검색을 위한 빠른 인터넷 서핑, 그리고 고장이 나지 않고, 마음 편하게 사용할 수 있는 안정적인 문서 작업, 이 두 가지만 가능한 노트북을 구매하는 것이고, 또 다른 하나는 화려한 사양임에도, 운영체제가 없는 노트북을 구매하여, 직접 운영체제를 설치하는 것이다. 그래서 두 번째 방법은 손발이 고생해야 한다.

나는 대한민국 최고의 회사에서 휴대폰 연구원으로 십 년 이상 치열한 산업 전선에서 회사 생활을 했던 사람이었기 때문에, IT 분야의 전문가라고 할 수 있다. 스마트 폰 열풍이 불기 전부터 스마트 폰을 직접 만들고, 기획하고, 개발한 사람 중 한 명이었다.

 각설은 그만두고, 본론으로 다시 돌아오자. 나는 전자보다 후자의 방법이 더 쉽고 편했다. 그래서 후자의 방법을 선택하였다. 그래서 노트북 세계 판매 1위와 2위, 그리고 3위 회사에서 판매하는 노트북 중에서 하나를 선택하고, 그것을 구매했다. 그리고 의기양양하게 노트북에 운영체제를 설치하고, 입맛에 맞게 다양한 소프트웨어를 설치하였다.

 저가이긴 하지만, 운영체제가 포함되어 있지 않기 때문에, 상대적으로 가격 대비 성능은 매우 높다는 것이 가장 큰 장점이다. 하지만 웬걸, 노트북이 몇 주 동안 제 기능을 발휘하지 못하는 것이었다. 오히려 2년 전에 구매하여 사용해 오던 저가의 노트북보다 성능이 훨씬 못하는 것이었다. 지문 인식 기능이 있지만, 수십 번을 더 손가락을 갖다 대어도, 제대로 인식하지 못하는 것이었다. 화가 났다. 노트북을 잘 못 구매한 것은 아닌가 하는 후회와 걱정이 몰아 치기 시작했다.

 평온하고 작은 내 마음속에 거대한 태풍이 일어나기 시작했다. 인터넷도 절대 빠르다는 생각이 들지 않았다. 노트북의 외모도 고급스럽게 보이지 않았다. 노트북의 모든 것이 최악으로 보이고, 그렇게 느껴졌다. 도저히 집필 작업에 집중할 수가 없었다.

한 마디로 최악의 날이었다.

 나는 다시 한번 큰맘을 먹었다. 하루 종일 노트북을 다시 포맷하고, 다시 처음부터 제대로 된 소프트웨어를 설치하고자 맘을 먹었다. 하지만 그 작업은 쉽지 않았다. 잘 되던 무선 인터넷이 두통 잡히지 않는 것이었다. 인터넷이 되어야, 노트북 판매 사이트에 들어가서, 다른 드라이버들을 다운로드할 수 있다. 너무 많은 시도를 했지만, 무선 인터넷이 잡히지 않아서, 결국에는 내가 산 노트북이 무선 인터넷 드라이버에 문제가 생긴 것은 아닌지, 아니면 살 때부터 문제가 있었던 것은 아니었는지, 의심이 들기 시작했다.

 하루 작업으로 생각하고 달려들었던 노트북의 소프트웨어 혁명 작업은 삼 일 밤낮이 걸렸다. 각고의 노력 끝에 노트북은 최고의 노트북으로 거듭나게 되었다. 그렇게 많이 시도해도 인식이 잘 안되던 지문 인식도, 인식률이 95%를 넘었고, 무선 인터넷이며, 충격 방지 시스템이며, 안정된 문서 작업이며, 빠른 웹 서핑이며 모든 것이 최고로 기능하는 멋진 노트북으로 변신했다. 외관도 볼수록 마음에 들었다. 마치 다른 노트북을 구매한 것처럼 느껴졌다.

 글이 술술 써지노라면, 이 세상에서 최고로 행복하여, 그 어떤 것도 부럽지 않다고 말했던 어느 여류 작가의 고백이 왜 거짓이 아닌지, 이 작은 일을 통해 느낀 희열이 그것을 대변해 주는 듯하다.

 삼일의 노트북 소프트웨어 혁명 작업은 이렇게 막이 내렸다. 이 사건을 통해 나는 배웠다. 아무리 좋은 노트북도, 그것을 제대로 사용하기 위해서는 제대로 된 소프트웨어가 깔려 있어야 한다는 사실을 말이다. 그런데 이것은 노트북에만 적용되는 현상이 아니었다. 바로 우리의 인생에도 그대로 적용이 되는 현상이었다.

우리는 아주 좋은 최신 기종의 노트북과 같은 잠재력을 가지고 태어났지만, 제대로 된 '마음'이라는 소프트웨어가 깔려 있지 않다면 우리는 절대로 제대로 된, 성공적인 인생을 살아 낼 수 없다. 달구지를 이끄는 것은 소이듯, 우리의 삶을 이끄는 것은 우리의 '마음'이기 때문이다. 처음 구매해서 잘못된 소프트웨어를 설치해서, 제대로 기능하지 못하는 상태처럼, 우리 인생이 엉망이라면, 우리에게 필요한 것은 노트북의 변경이 아니라, 마음이라는 소프트웨어의 재설치, 즉 마음 혁명이 필요한 것이라고 말할 수 있다.

우리 인간은 어떤 동물들보다 더 풍요롭고, 더 자유롭고, 더 평화롭게 살아갈 수 있는 조건을 가지고 있음에도, 동물들보다 더 풍요롭지 못하고, 자유롭지 못하고, 평화롭지 못하게 경쟁 속에서 살아가고 있다. 우리는 그것을 다시 회복해야 하고, 다시 찾아야 한다. 그렇게 하기 위해 필요한 것은 바로 마음 혁명이다.

행복한 인생, 성공적인 인생을 위한 필요조건이다.

단사리 마음 혁명은 한 마디로 행복한 인생과 성공적인 인생을 위한 필요조건이다. 우리가 행복하게 살기 위해, 그리고 성공적인 인생을 살기 위해 필요한 것은 성공이나 물질이나 명예나 좋은 환경이 아니다. 바로 우리 내면으로부터의 참된 혁명인 마음 혁명이다.

우리가 행복한 인생의 조건을 외형적인 것, 우리 외부의 것들인 재산과 명예와 성공 같은 것으로 삼는다면, 절대 우리는 행복해질 수 없다. 왜냐하면 그러한 것들은 유동적이고, 가변적이기 때문이다. 오늘 있다가도 내일은 없어질 수 있기 때문이다. 그러한 것들이 행복의 조건이라고 여기는 사람은 그러한 것들의 노예로 전락 될 수밖에 없다. 하지만 우리가 외형적인 것이 아니라, 우리 내부의 것을 통해 행복의 조건을 삼는다면, 우리는 언제나 변함없이 행복할 수 있다. 그렇다면 우리 내부의 것은 무엇일까? 그것은 바로 우리 마음이다.

우리의 몸도 사실 가변적인 것이다. 사고로 팔다리를 잃어버릴 수도 있고, 실제로 그런 사람들이 적지 않다. 그리고 사고로 인해 몸 전체에 마비가 와서, 제대로 움직이지 못하게 되는 사람도 있다. 이 경우에도 우리는 우리의 마음만은 변함없이 소유하고 있다. 다만 그것을 어떻게 다스리며, 어떤 상태로 유지하느냐에 따라, 그 이후 삶의 모습이 180도 달라질 수 있다.

행복과 성공의 조건을 우리 외부에 두지 않아야 하는 이유가 이것이다. 우리 외부의 것은 언제든 떠나갈 수 있고, 잃어버릴 수 있는 것이다. 엄밀하게 말하면 우리 외부의 것은 처음부터 우리의 소유가 아니다. 잠시 빌려 쓰고 다시 되돌려 주어야 하는 것이다. 돈이 바로 그런 것 중에 대표적인 물건이다. 돈은 절대 우리가 영원히 소유할 수 없다. 아무리 큰 부자라 할지라도 죽을 때는 돈 한 푼 소유할 수 없다. 돈의 참된 주인은 우리가 아니다. 심지어 돈이 우리를 노예처럼 부리면서, 비인간적인 행동을 하게 부추기기도 한다. 우리가 편리하게 살기 위해, 만들어 놓은 돈이 이제는 우리를 얽어매고 있다.

그래서 돈 때문에 사람을 속이고, 돈 때문에 싸우고, 돈 때문에 부부가 이혼하여, 가정이 파탄되고, 돈 때문에 평생지기가 갈라서고, 돈 때문에 전쟁을 일으키고, 돈 때문에 사람을 죽이는 그러한 사회가 되어 버렸다. 이러한 것들은 모두 돈의 주인 된 모습이 아니라, 돈의 노예가 되어 버린 모습이다.

돈 뿐만 아니라, 권력도 마찬가지이다. 그리고 명예도 그렇다. 그리고 성공도 그렇다. 아무리 큰 성공을 하고, 아무리 큰 권력을 가지고, 아무리 좋은 명예를 얻었다 해도, 그렇다고 해서 그것들이 우리를 자동적으로 행복하게, 참된 성공의 길로 인도하지는 않는다.

우리 주위에는 돈이 많고, 성공했음에도, 불행한 인생을 살아 가는 사람들이 적지 않다. 그것은 우리 내부의 마음을 제대로 다스리지 못했기 때문이다. 아무리 돈이 많아도, 그것이 우리 마음속에 있는 모든 집착과 중독을 끊게 해 줄 수는 없다. 아무리 권력이 많아도, 참된 행복의 길인 마음으로부터 욕심과 욕망을 버릴 수 있게 해 줄 수는 없다. 아무리 성공을 했다 해도, 참 된 성공의 길을 그것이 알려 줄 수 는 없다.

이러한 것들을 해 줄 수 있는 유일한 것은 우리가 그토록 차지하기 위해 눈에 독기를 품고, 열심히 아등바등 살아 가면서, 손에 거머쥐고자 하는 돈과 권력과 성공이 아니라, 태어날 때부터 이미 우리 마음에 고이 간직되어 있지만, 잠자고 있는, 우리의 마음이다.

우리가 마음으로 모든 집착과 중독을 끊고(斷), 존재로 사는 삶을 발견하고, 모든 욕심과 욕망과 시기와 질투와 같은 부정적인 것들을 버리고(捨), 거짓된 삶과 성공과 부의 망상으로부터 떠날 수 있다면(離), 우리는 반드시 행복한 삶을 살아 갈 수 있게 될 것이다. 바로 이 책을 통해, 끊고, 버리고, 떠나는 단사리 마음 혁명을 실천해 볼 수 있을 것이다.

마음 혁명이 가져다주는 삶의 변화들은 부와 성공과 행복 외에도 너무나 많다는 사실을 명심하자.

- 세상을 바라보는 시각이 달라진다.
- 어떠한 실패와 시련에도, 인생이 요동치지 않고, 평상심을 유지 할 수 있다.
- 어떠한 것에도 연연해하지 않고, 웬만한 일에는 눈썹도 끄떡하지 않는 다.
- 참된 해방감을 오래 동안 누릴 수 있다.
- 물질에 치우친 삶에서 벗어나 삶의 균형을 잡을 수 있다.
- 크게 생각하고, 길게 내다보고, 담대한 도전을 하게 해 준다.
- 여유와 재미가 새록새록 다시금 생겨난다.
- 돈과 성공을 위해 일하는 노예 인생에서 벗어난다.
- 마음의 평화와 행복을 찾을 수 있다.
- 어제와 다른 삶을 살아 갈 수 있게 해 준다.
- 가난에서 벗어나 부자로 살 수 있다.

- 실패만 하는 인생에서 벗어나 성공할 수 있다.

자 이제 마음 혁명의 세계로 여행을 떠나 보자.

모든 변화는 마음에서 비롯된다. 환경이 인간을 바꾸는 것이 아니라, 마음이 환경을 바꾼다. 우리가 불행한 이유는 삶이 복잡해서가 아니라, 마음이 복잡하기 때문이다. 인생을 단단하게 만드는 힘은 외부의 조건이 아니라 내부의 질서다.

단사리(斷捨離)는 단순한 정리법이 아니다. 그것은 마음을 새롭게 세우는 혁명적 행위이다. 끊고(斷), 버리고(捨), 떠남(離)으로써 우리는 비로소 진짜 나를 만나게 된다. 이 책은 '비움의 기술'이 아니라 '존재의 회복'에 관한 책이다.

마음의 무게를 내려놓는 순간, 인생은 다시 가벼워지고, 빛은 다시 들어온다. 이제 마음의 혁명을 시작하라. 그것이 당신 인생의 진정한 첫걸음이 될 것이다.

프롤로그: 삶의 혁명은 마음에서부터 시작된다.

제1장. 사(捨) 버려라. _ 단·사·리 (斷·捨·離)
마음 혁명의 두 번째

1부. 마음의 짐을 내려놓을 때, 인생이 가벼워진다

- 두려움을 버려야 진정한 경지에 도달한다.
- 물극필반(物極必反) 기만즉경(器滿則傾)임을 명심하자.
- 좋은 것에 집중하고 잡념을 버려라.
- 모든 욕심과 욕망을 마음으로부터 버려라.
- 모든 시기와 질투를 마음으로부터 버려라.

2부. 버림은 비움이자 회복이다

- 버리는 즐거움을 아는가
- 버리는 것만으로도 삶이 바뀐다.
- 진짜 버려야 할 것은 물건이 아니다. 마음의 온갖 잡동사니이다.
- 모든 원한과 아픔과 상처와 분노를 버릴 때,

진정으로 행복해질 수 있다.
- 마음이야말로 에너지 보존 법칙이 가장 잘 적용되는 세계이다.

3부. 비움의 끝에서 진정한 충만이 시작된다

- 아이들이 행복한 이유는 마음속에 잡동사니를 쌓아 놓고 있지 않기 때문이다.
- 인생 혁명의 요체는 마음의 쓰레기를 버리는 것이다.
- 다장필후망(多藏必厚亡)임을 명심하라.
- 마음속에 털끝만큼의 시기와 질투까지도 버려야, 행복해 질 수 있다.

에필로그: 마음 혁명이 성공과 부와 행복을 가져다 준다.

제 1 장. 捨. 버려라 _ 단·사·리 (斷·捨·離) 마음 혁명의 두 번째

1부. 마음의 짐을 내려놓을 때, 인생이 가벼워진다

- 두려움을 버려야 진정한 경지에 도달한다.

시카고 대학교 심리학과 교수인 사이언 베일락(Sian Beilock) 교수는 인지과학과 인간의 행동에 영향을 미치는 수많은 요소들을 전문적으로 연구하고 있다. 그녀는 자신의 첫 번째 책인 [부동의 심리학]이란 책에서 사람이 두려움과 중압감 때문에 자신의 실력을 제대로 발휘하지 못 하는 경우에 대해 심리학과 뇌 과학에서 밝혀낸 여러 가지 과학적 사실들을 근거로 분석하여 설명하고 있다.

한 마디로 우리가 두려움을 느낄 때 온 몸이 얼어 버리고, 머리가 새하얗게 되어 버리는 현상을 초킹(choking)현상이라고 부르며, 그 이유를 '지각된 상황에 대한 스트레스 반응으로 발생하는 좋지 않은 결과'나 '지나친 분석에 의한 마비 현상'이라고 말하고 있다.

이러한 심리적인 작용이 우리의 몸과 뇌를 얼어버

리게 하여, 자신의 기량과 능력을 제대로 발휘하지 못 하게 하는 근본적인 요인은 그 상황에 대한 지나친 분석으로 인한 중압감과 두려움 때문이라고 할 수 있다.

지금은 우리가 두려움이나 중압감을 느꼈을 때 몸과 뇌가 얼어버리는 초크(choke)에 대해 심리학과 뇌 과학을 근거로 설명이 가능하며, 충분히 이해를 할 수 있지만, 수 천 년 전에 현인들은 이러한 현상에 대해서 어떻게 알았을 까?

두려움을 버려야 진정한 경지에 도달할 수 있으며, 진정한 경지는 무아지경(無我之境)과 같은 자신의 두려움과 공포를 온전하게 버리고 자신을 초월한 상태에서 비로소 나온다는 사실을 잘 말해 주는 일화가 있다.

<장자>의 달생편에 나오는 목계(木鷄)에 관한 이야기이다. 옛날 기성자라는 명인이 있었는데, 그는 싸움닭을 조련하는데 탁월한 능력을 가지고 있는 인문이었다. 그에 대한 소문이 자자하여 주나라 성

왕의 귀에 까지 들어가게 되었다. 주나라 성왕은 그에게 닭 한 마리를 훈련시킬 것을 명령하였다. 그리고 열흘이 지나 왕은 훈련이 다 완성이 되어 싸움닭이 싸움을 할 만큼 역량이 갖추어졌는지 물어보았다. 그러자 기성자는 이렇게 대답했다.

"닭이 얕은 기술을 배운 후 교만에 빠져 싸울 상대를 찾고 있습니다. 아직 충분히 훈련이 이루어지지 않았습니다. 그러므로 좀 더 기다려 주십시오"

그래서 왕은 다시 열흘을 기다렸다. 그리고 나서 왕은 또 다시 기성자를 불러 닭의 훈련 상태를 물어보았다. 그러자 기성자는 이번에는 이렇게 대답을 했다.

" 다른 닭의 울음소리나 그림자만 보아도 달려들려고 난리입니다. 여전히 최고의 투계가 되기는 멀었습니다. 그러므로 좀 더 기다려 주십시오"
그래서 왕은 이번에도 또 열흘을 기다렸다. 그리고 나서 왕은 또 다시 기성자를 불러 닭의 훈련 상태를 물어 보았다. 그러자 기성자는 이번에는 이렇게 대답을 했다.

" 아직도 훈련이 덜 되었습니다. 앞뒤를 재지 않고 덤벼들려는 기운은 누그러졌지만 여전히 다른 닭을 노려보고 지지 않으려고 합니다. 그러므로 훈련이 덜 되었습니다. 그러므로 좀 더 기다려 주십시오."

또 다시 열흘이 지난 후에 비로소 기성자는 왕을 찾아뵙고 다음과 같이 왕에게 고했다.

" 이제야 온전한 싸움닭 한 마리가 만들어졌습니다. 이제는 상대 닭이 아무리 살기를 뿌리면서 소리치고 덤벼들어도 미동을 하지 않습니다. 떨어져보면 흡사 나무로 깎아 만든 닭 같습니다. 이는 덕과 기세가 충만하다는 증거로 어떤 닭도 당해내지 못할 것입니다. 그의 모습만 보아도 모든 닭들이 전의를 상실하고 꼬리를 내릴 것입니다."

바로 이 대목에서 '나무로 깎아 만든 닭과 같아서 덕과 기세가 충만하다는 증거로 어떤 닭도 당해내지 못 하는' 목계(木鷄)가 탄생한다. 그리고 이러한 목계야 말로 자신의 모든 두려움과 중압감을 떨쳐 버리고 자신을 뛰어 넘어 자신의 모든 역량과 재능을 어떠한 상황에서도 발휘해 낼 수 있는 경지에 오른 상태이다.

 우리 역시 이러한 목계와 같은 경지에 도달해야 비로소 모든 두려움을 버리고, 중압감을 이겨 낼 수 있다. 그리고 또한 이와 같은 목계가 되는 길도 역시 자신을 짓누르고 있는 모든 두려움을 버리고, 중압감을 이겨 내는 길이다. 현대 심리학에서 말하는 초킹 현상을 완전히 극복해 낸 상태가 수 천 년 동양고전인 장자에 나오는 목계(木鷄)인 셈이다.

 자신을 힘들게 하고, 자신의 능력을 제대로 발휘하지 못 하게 하는 두려움을 버릴 수 있는 사람은 눈앞에서 벼락이 쳐도 어떠한 일을 만나도 꿈쩍하지 않을 꿋꿋함을 지니고 있는 사람이며 그 어떤 사람보다 강한 사람이다.

 두려움을 극복한 사람과 그렇지 못 한 사람은 결국 고수와 하수를 가르는 하나의 잣대가 된다. 권투

시합이나 k1 경기를 보면 이러한 사실을 우리는 알 수 있다. 두 사람이 입장을 할 때, 누가 더 승리할 확률이 높은지, 그리고 누가 더 강한 사람인지 우리는 어느 정도 직감할 수 있다.

그의 눈빛과 그의 태도를 통해 누가 더 고수인지 알 수 있다. 등장할 때 어떤 선수는 수 많은 관중들의 환호에 당당하게 답할 뿐이며, 흥분하거가 얼지 않는 다. 그리고 목계(木鷄)처럼 상대방의 어떠한 유혹에도 미동도 하지 않는 다. 이런 선수는 반드시 그 경기에서 승리한다. 하지만 입장할 때부터 살기 등등하고, 흥분하는 기색이 여실히 드러나는 선수의 경우에는 확실하게 진다. 이미 두려움과 중압감에 자신도 모르게 흥분할 정도의 수준밖에 되지 않는 선수이기 때문이다.

이런 점에서 우리 내면에 있는 모든 두려움이 사라졌을 때, 우리는 승리자가 될 수 있고 하고자 하는 일을 성취해 낼 수 있는 경지에 도달했다고 볼 수 있다.

- 물극필반(物極必反) 기만즉경(器滿則傾)임을 명심하자.

 사물이 극한에 달하면 다시 원래의 모습으로 돌아간다. 봄이 지나면 여름이 오고, 가을이 오고, 겨울이 와서, 다시 봄이 오는 것처럼 말이다. 우리가 태어나면 언젠가는 죽어야 한다. 달이 차면 기울어야 한다. 밤이 오면 다시 새벽이 오고, 낮이 온다. 그리고 낮이 오면, 다시 밤이 오게 되어 있다.

꽃도 피면 지게 되어 있다. 빨리 핀 꽃은 빨리 지는 것이며, 늦게 핀 꽃은 늦게 지는 것이다. 산이 높으면 그만큼 골도 깊은 것이며, 산이 낮으면 그만큼 골도 낮은 것이다. 높은 건물을 짓고자 하면 그만큼 깊게 땅을 파고 기초공사를 단단히 해야 한다. [주역]과 [도덕경]에서는 이러한 이치를 '물극필반(物極必反)'이라고 말한다.

 중국의 고전을 통해 우리에게도 많이 익숙해진 중국 최초의 여황제인 측천무후에 대한 이야기 속에서도 물극필반의 사례를 찾아볼 수 있다. 측천무후는 원래는 당나라 태종의 후궁이었다. 그러다가 고종의 황후가 되었다. 그리고 고종이 죽은 뒤에 중종이 어닐 나이에 즉위하자 무후가 섭정을 하게 되었다. 하지만 세월이 흘러, 중종이 정치를 할 수 있는 나이가 되었는데도 여전히 섭정의 자리에서 물러나려 하지 않았다. 이것을 보고 소안환(蘇安桓)이라는 대신이 상소를 올려 간언하기에 이르렀던 것이다.

" 하늘의 뜻과 백성의 마음은 모두 이씨(당나라 황실의 성)에게로 향하고 있습니다. 무후께서는 아직까지는 섭정의 자리에 계시지만, 사물이 극에 달하면 반드시 반전하고, 그릇도 가득차면 넘치게 된다(物極必反 器滿則傾)는 사물의 이치를 아셔야 합니다."

이러한 간언에도 그녀는 욕심을 버리지 못했다. 그 결과 장간지가 이끄는 친위군 500명에 의해 폐위되고 만다.

우리의 인생도 이러한 자연의 법칙에서 벗어날 수

없다. 반드시 성한 다음에는 쇠하게 되어있다. 노자의 도덕경에도 이와 비슷한 말인 물장즉노(物壯則老)란 말이 나오지 않는가? 만물은 장성하면, 반드시 늙게 되어 있는 것이다.

이러한 사실을 안다면, 그리고 깨닫는다면 우리는 버리는 연습을 하면서 살아 가는 삶이 가장 현명한 삶이라는 사실을 알게 된다. 두말하면 잔소리지 않는가? 열흘 붉은 꽃은 이 세상에 없다. 세상만사가 모두 새옹지마(塞翁之馬)이며 화무십일홍(花無十日紅)이듯, 우리가 삶을 살아갈 때도 이와 같은 자세로 살아야 한다. 그렇기 때문에 버리는 연습을 통해 버림을 실천하는 단사리 마음 혁명이 삶에 있어서 필요한 것이라고 말할 수 있는 것이다.

권불십년(權不十年)이란 말도 이와 같은 이치를 말하고 있는 것이다. 자신이 누렸던 권세를 때가 오면 과감하게 버릴 줄 아는 것이 큰 사람이다. 하지만 자신이 누렸던 권세를 과감하게 버려야 할 때, 버리지 못 하고 집착할 때 큰 화를 자초하게 되는 것을 우리들은 자주 역사를 통해 보아 왔다. 특히 큰 공을 세운 전쟁의 장군들이 전쟁을 승리로 이끈 후에 조용히 권세를 멀리하고, 고향으로 낙향하여 평안한 삶을 살았던 자들은 오랫동안 장수하며 삶을 누렸지만, 전쟁에서 큰 공을 세운 장군들이 전쟁이 끝나고 나서도 오랫동안 권세에 대한 욕심을 버리지 못하고 권력을 놓지 않고 있으면, 그 권세가 오히려 화가 되어, 자신의 생명을 앗아가는 독이 된다는 사실을 우리는 잘 알고 있다.

 선산을 지키는 것은 아름다운 나무가 아니라 못 난 나무이듯, 오랫동안 장수하며 편안한 삶을 사는 사람들은 자신을 평범하게 낮추며, 자신의 재능이나 성공이나 업적을 드러내지 않고, 잠잠히 있는 자들임을 알 수 있다. 예쁜 꽃이 빨리 꺾이듯, 우리는 이런 점에서 자신의 재능이나 업적을 너무 내세워서는 안 되는 것이다. 빨리 성공하려고 노력해서도 안 되는 이유가 이것이다. 빨리 성공하면 그 만큼 빨리 실패하게 되기 때문이다. 빨리 핀 꽃이 빨리 지는 이치와 같다.

 그런 점에서 나이 마흔이 되어도 아무것도 인생에

서 이룬 것이 없다고 너무 속상해 할 필요가 없다. 나이 이십에 큰 성공을 맛 본 자들은 이미 인생의 최고의 날을 맛 보았지만, 나이 마흔이 다 되어도 큰 성공을 한 번도 이루지 못 한 자들은 최고의 날이 아직 남아 있기 때문이다.

- 좋은 것에 집중하고 잡념을 버려라.

장자의 내편 중에 '인간세(人間世)' 편에는 안회가 위衛나라에 가고자 공자에게 가겠다고 말하는 이야기가 담겨 있다. 그래서 안회가 위나라로 가고자 이야기를 하면서 시작된다.

" 안회가 공자에게 가서 하직 인사를 하자 공자가 물었다.

" 어디에 가려느냐?"
" 위나라로 가려고 합니다."
" 뭘 하러 가는 것이냐?"
" 제가 듣기에 위나라 임금은 나이가 젊고 박력이 넘치는데 행실이 독단적이어서 나라의 자원을 함부로 사용하고 백성들을 마구 부리면서도 자기 잘못을 모른다고 합니다....."

안회는 위나라에 가서 임금을 바로 잡고, 위나라 사람들을 구하고자 하는 마음으로 공자에게 하직 인사를 올렸던 것이다. 그런 순수한 의도를 가지고 있는 안회에게 공자는 어떤 조언을 해 주었을까?

" 우선 마음과 뜻을 하나로 모으고 정신을 집중하고 잡념을 버려라. 바깥의 소식을 귀가 아닌 마음으로 듣고 그 다음에는 마음으로 듣지 말고 기氣로써 들어라. 귀로 듣는 것은 소리이고, 마음으로 분별하는 것은 부호와 그 부호가 바깥세상과 부합하는지의 여부이다. 오로지 기만이 텅 비고 넓고 깨끗해서 외물을 받아들일 수 있으며, 오로지 대도만이 정신을 집중시켜 공활한 기를 형성할 수 있다. 허정虛靜하고 허무하고 공활한 경지에 다다를 수 있어야만 마음의 재계라고 할 수 있다."

우리는 무엇을 하려고 하는 뜨거운 열정을 가지고 원대한 꿈과 목표를 향해 야심차게 달려 나간다. 하지만 그러한 뜨거운 열정과 꿈과 목표만으로 원하는 목적을 달성할 수는 없다. 흥분과 갈망이 오히려 그 일을 그르치는 데 더 큰 작용을 하기 때문이다.

우리는 잡념을 버리라고 하면 쓸데 없는 생각이나 보잘것없는 사고라고만 생각한다. 하지만 장자는 그렇게 생각하지 않는 듯 하다. 그는 '행복은 행복을 구하려 애쓰는 마음을 비우는 것이다.'라고 말했는데, 이것을 자세히 생각해 보면, 행복해지려고 노력하는 마음조차도 잡념이라는 의미라고 나는 해석하게 되었다.

즉 행복해지려고 하는 그러한 마음 역시 잡념이고, 그리한 잡념까지 버릴 때 참된 이룸이 있다고 생각한다. 그런 점에서 장자에서 언급하고 있는 잡념은 마음의 온갖 잡동사니와 찌꺼기가 아니라, 큰 목표를 성취해 내려고 하는 마음을 말한다.

지금 서점에 가 보거나 도서관에 가서 자기 계발서의 경향을 살펴보면, 거의 대 부분이 꿈을 가지고, 큰 목표를 설정하고, 성공할 것이라고 믿고, 성공을 끌어당기고, 성공을 향해 열정을 불사르라고 말하는 듯 하다. 이러한 사회 풍조가 사람을 더욱 더 행복하고 더욱 더 살기 좋게 만들어 주는 것일까?

성공하는 사람은 더 많아졌고, 성공을 향해 도전

하고 노력하는 사람들은 더 많아졌지만, 행복한 사람들은 더 적어졌음을 우리는 알고 있다. 바로 그런 아이러니한 모순의 시대에 우리는 살고 있는지도 모른다. 이럴 때 우리는 장자가 언급한 잡념을 버려야 하는 것은 아닐까?

꿈과 목표에 매달리고, 너무 성공에 집착하고, 너무 행복에 목숨을 걸고자 하는 그러한 마음을 버린다면 우리는 똑같이 일을 하고, 열심히 살아 가더라도 마음에 평화와 안정이 있는 것은 아닐까?

꿈과 목표, 성공과 행복은 좋은 것도 아니며 그렇다고 나쁜 것은 더 더욱 아니다. 다만 하나의 방향을 알려 주는 이정표에 불과하다. 우리가 그것들을 어떻게 이용하고, 그것들에 대해 어떤 마음으로 대하느냐에 따라 그것들은 약이 되기도 하고, 독이 되기도 한다. 그 자체로 진정 좋은 것은 눈에 보이지 않는 사랑과 헌신과 나눔과 베품과 용서와 평화이다. 그러한 눈에 보이지 않는 좋은 것을 이루기 위한 도구와 수단이 꿈과 목표이며, 성공과 행복이라고 나는 생각한다.

목표를 설정하고, 꿈을 향해 살아가는 것은 나쁜 것이 아니지만, 목표에 대한 강박관념과 얽매이는 마음은 나쁜 것이며, 우리에게 해를 준다. 우리의 마음에 여유를 앗아가고, 쉼을 누리지 못하게 하고, 목표를 위해서 다른 가치 있는 것들을 돌아보지 못하게 하고, 희생하게 한다.

- 모든 욕심과 욕망을 마음으로부터 버려라.

[후한서]에 다음과 같은 이야기가 나온다.

후한 왕조를 일으킨 광무제(光武帝)는 그것으로 만족하지 않고, 이웃 나라들에 대한 땅에 욕심을 내기 시작했다. 후한의 근처에는 외효(隗囂)가 점령하고 있는 롱(隴)지역과 공손술(公孫述)이 점령하고 있는 촉(蜀)이라는 두 지역이 있었다. 광무제는 욕심 때문에 외효가 점령하고 있는 성 두 곳을 공격하여 침략하도록 자신의 부하 장수인 잠팽(岑彭) 장군에게 명령을 내렸다. 그리하여 결국 롱을 정복하게 되었다. 하지만 광무제는 여기에 만족하지 않고 다음과 같은 편지를 써서 잠팽에게 보냈다.

"롱의 두 성을 함락했으면 곧바로 군사를 이끌고 촉의 공손술을 공격하라."

이 편지를 보자마자, 잠팽은 인간의 욕심이란 얼마나 끝이 없는 것인지에 대해 깨닫고 한탄하면서, 다음과 같이 말했다고 한다.

" 사람이 괴로운 것은 만족을 모르기 때문이구나, 롱을 평정하니 이제 촉을 갖고자 하는구나!"

 바로 이 말에서 '인간의 욕심은 한이 없고, 끝이 없으며, 인간은 만족할 줄 모르고 계속 욕심은 부린다.' 는 뜻의 고사성어인 '득롱망촉(得隴望蜀)'이 생겨나게 되었던 것이다. 삼국지에도 위 나라 조조와 촉나라의 유비가 한창 싸울 때, 이와 비슷한 경우가 발생한다. 조조는 촉 나라 북쪽에 있는 섬서성 남쪽 농 지역까지 쳐들어가 그곳을 점령하게 되었다. 이 때, 욕심을 부린 것은 조조가 아니라, 그의 부하 사마의였다.

" 조금만 더 밀어붙이면 촉나라의 본거지를 뺏을 수 있습니다. "

 라고 재촉하자, 조조는 매우 현명하게 대처를 했다.

" 인간이 만족하기란 쉽지 않아. 이미 농 땅을 얻었으니 촉까지 바랄 것이야 없지, 그것은 지나친 욕심이다."

라고 반박했다고 한다.

 비슷한 상황에서 누구는 더 욕심을 내지만, 누구는 그것이 욕심인 줄 알고, 멈출 줄 알게 된다. 그 차이로 인해 누구는 영웅이 되고, 누구는 욕심만 앞세우는 황제로 역사에 남는 것이다. 우리가 욕심과 욕망을 버릴 수 있다면 그 보다 더 훌륭한 인생의 처세와 자세도 또 없을 것이다.

 세상의 모든 일은 너무 잘하려고 욕심이 지나치면 오히려 그르치게 된다. 그것은 욕심이 마음의 집중을 방해하기 때문이고, 에너지를 분산시키고, 고갈시키기 때문이다. 그래서 욕교반졸(欲巧反拙)이라는 고사성어가 생긴 것이다. 욕교반졸이란 잘 만들려고 너무 기교를 부리다가 도리어 졸렬한 결과를 보게 되었다는 말이다. 너무 잘하려 하면 도리어 잘 안 되는 것이 세상의 법칙이다. 그래서 자신의 역량의 100%를 넘어 200%를 발휘하기 위해서는 마음의 욕심과 욕망을 버림으로써 마음을 비워야 한다.

마음을 비우는 자만이 만족함이라는 선물을 얻게 된다. 마음의 욕심을 비우는 만큼 우리는 행복해질 수 있다. 더 많은 돈을 벌기 위해 애쓰기보다는 마음을 비우기 위해 애써야 한다. 그것이 더 행복해지는 길이기 때문이다.

현대인들은 경제 성장만큼 행복하지 못 하다. 그들이 가지게 된 부만큼 그들은 행복하지 못한 채 살아가고 있다. 현대인들이 불행한 이유는 가난하기 때문이 아니라는 사실을 이것을 통해 짐작해 볼 수 있다. 남들이 다 부러워하는 부자들도, 성공한 사람들도, 남들이 다 선망하는 인기 스타들도, 어느 날 아침 신문에 자살했다는 소식을 심심찮게 접할 수 있는 세상이다. 먹고 살기 힘든 60~70년대에는 이런 일이 거의 드물었다. 전부다 먹고 살기가 너무 힘들었기 때문이다. 먹고 살만큼만 되면, 이들은 다 행복할 줄 알았다. 하지만 이제 먹고 살 만큼 되었다. 하지만 자살률, 이혼율은 거의 기록적인 나라가 되었다.

이 모든 것이 우리 마음에 너무나 큰 욕심이 생겼기 때문이다. 수 많은 미디어와 인터넷을 통해 우리는 자꾸 최고의 부자들을 자신과 비교하고, 최고로 대박을 만난 이들을 하루에도 여러 번 접하게 된다. 최고로 멋진 삶을 살고 있는 사람들, 최고로 멋진 성공 스토리를 가진 사람들을 하루에도 수 십 번도 더 인터넷과 미디어를 통해 쉽게 만날 수 있게 되었다. 과거에는 평생 한 번 들을까 말까 한 그런 얘기인데도 말이다. 그 결과 우리는 너무나도 많은 비교 의식에 사로잡히게 되고, 그것이 우리에게 욕심과 욕망이라는 것들로 변해, 우리를 가득 채운다. 그 결과 아무리 잘 살아도, 그들보다 못 살고 있는 자신이 자꾸 비교가 되는 것이다. 아무리 멋진 성공을 해도, 나보다 더 멋진 성공을 한 사람들과 자꾸 비교가 되어, 만족함이 사라지게 되는 것이다. 아무리 좋은 음식을 먹어도, 어제 본 미디어에 나온 세계 최고의 음식에 비하면, 초라한 밥상에 불과하기 때문에, 먹어도 맛이 없게 되는 것이다.

결국 우리를 행복하게 만들어 줄 수 있는 것은 마음

으로부터의 혁명뿐이다. 모든 욕심과 욕망을 버릴 때, 우리는 참된 만족과 기쁨과 행복을 누릴 수 있게 된다는 사실을 꼭 명심하자. 돈을 많이 벌게 되면, 몇 개월 동안은 그것으로 기쁠 수 있지만, 이내 그것보다 더 많은 돈이 있어야만 그 이전에 만족한 수준의 기쁨을 다시 얻게 된다는 것을 우리는 알아야 한다. 그 결과 돈 때문에 행복한 사람은 자꾸만 돈이 많아져야만 행복해 질 수 있는 사람으로 전락하게 된다. 평생 돈이 계속해서 많아 질 수 있는 사람은 과연 몇 명이나 될까? 설사 그렇게 평생 동안 돈이 많아지는 사람이라고 해도, 돈만으로 참된 행복을 누릴 수 없다.

우리를 부자로 만드는 것은 돈이 아니라, 우리의 마음이다.

" 돈은 아직까지 어느 누구도 부자로 만들지 못했다." 는 세네카의 말처럼, 우리를 진정 부자로 만드는 것은 돈이 아니라, 다른 것이다. 그것은 바로 우리의 자족하는 마음이다. 그래서 마음이 무엇보다 중요한 것이다.

성경말씀에도 '무릇 지킬만한 것보다 더욱 더 네 마음을 지켜라.' 라는 말이 그냥 있는 것이 아니다. 재산을 뺏겨도 다시 찾을 수 있고, 다시 돈을 벌 수 있지만, 마음을 세상에 뺏기게 되면, 어떤 화를 자초할지 아무도 모른다. 가장 위험한 것은 마음을 뺏기는 것이라고 할 수 있다. 이 세상에 마음을 뺏기는 경우는 마음속에 세상에 대한 욕심과 욕망이 가득 차게 될 때 그렇게 된다.

아이러니하게도 마음속에 있는 모든 욕심과 욕망을 다 버린 사람은 더 이상에 세상에 마음을 뺏길 일이 없다. 세상이 아무리 빼앗아 가려고 해도 빼앗을 마음이 비어 있기 때문이다. 이런 점에서 마음을 비우는 것은 세상에 휘둘리지 않으면서 살 수 있는 최고의 길이다.

마음을 비우는 것은 스스로 부요하게 살 수 있는 길이다. 세상은 우리로 하여금 더 많은 욕심과 욕망을 가져야 한다고 부추기지만 우리의 마음은 다 내려놓으라고 말한다. 우리의 마음을 다 내려놓을 때 우리는 비로소 세상의 값진 것들과 눈에 보이지 않는 가치 있는 것들을 발견할 수 있는 안목이 생긴다. 욕심과 욕망을 버리지 않는 사람은 세상의 모든 가치 없는 것들만 눈에 보이게 된다. 그래서 욕심과 욕망을 버리지 않게 되면 자연스럽게 이러한 무가치하고 무의미한 것들로 자신의 삶이 가득차게 되어 행복하지도 않으며 부요하지도 않은 삶을 살아가게 된다. 모든 욕심과 욕망을 버리는 길이 우리가 가장 행복한 삶을 살 수 있는 길이며, 가장 부요한 자로 살 수 있는 길이다.

우리가 행복해 지기 위해서는 가지고 있지 못 한 것에 대한 마음이 아니라, 이미 가지고 있는 것에 대해 감사하고, 기뻐하고 누릴 수 있는 마음이 필요하다. 가지고 있지 못 한 것에 대하여 끊임없이 생각하는 마음은 바로 욕심이고, 욕망이다. 이러한 마음은 우리의 행복과 성공을 가로 막는 걸림돌밖에 되지 않는 다. 성공에 집착하면 집착할수록, 우리는 성공과 관련 없는 사람이 되기 때문이다. 행복도 마찬가지이다. 우리는 우리의 행복에만 집착하면 할수록 더 행복해 지기가 힘들다.

자신의 행복에 집착하는 마음과 행복해지고자 결심하는 마음은 전혀 다른 것이다. 집착하는 마음은 그것에 모든 것을 거는 것이고, 그것에 모든 것을 의지하는 것이다. 하지만 행복해지고자 결심하는 마음은 마음을 새롭게 하고, 마음을 다잡는 것이지, 결코 인생을 거는 것은 아니며, 그것에 모든 것을 의지하는 것은 아니다.

- **모든 시기와 질투와 증오를 마음으로부터 버려라.**

우리의 행복과 성공을 가로막는 것들은 욕심과 욕망, 집착뿐만이 아니다. 타인에 대한 시기와 질투, 그리고 증오심도 역시 우리의 행복과 성공, 나아가서 우리의 건강과 마음의 평화를 해치는 것들이다.

우리의 마음의 평화를 해치는 가장 큰 존재는 우리 마음 속에 있는 시기와 질투심, 그리고 증오심이다. 이것을 버릴 줄 아는 사람은 어떤 상황에서도 마음의 평화를 유지할 수 있는 거인이 될 수 있다.

우리가 누군가를 시기하고 질투하게 되면, 그 순간부터 우리의 마음은 온통 그 사람에게 매여 있게 된다. 시기와 질투심이 크면 클수록 우리는 우리의 마음의 평화와 여유, 안식, 혈압, 기분, 감정이 파괴되고 있다는 사실을 알아야 한다. 이것은 시기와 질투심에 국한 되는 것이 아니다. 우리가 누군가를 심하게 증오하고 미워하게 되면, 그 미워하는 마음은 다름아닌 바로 우리 자신을 지옥 같은 고통을 맛보게 한다. 그래서 우리가 누군가를 용서하지 않고, 미워하고, 증오하게 된다면, 그것은 다름아닌 바로 우리 자신에게 지옥 같은 현실을 스스로 만들어 선사하는 것과 다름이 없다.

그렇기 때문에, 누군가를 미워하고, 시기하고, 증오하는 것은 다름아닌 바로 우리 자신을 고통스럽게 만드는 것이다.

누군가를 시기하고 질투하고, 증오하는 것은 우리의 건강을 더욱 더 악화시키는 결과를 초래하기도 한다. 우리는 누군가를 사랑하고, 이해하고, 용서할 때, 충만한 에너지와 마음의 평화와 건강을 얻을 수 있다. 하지만 누군가를 시기하고 질투하고, 증오할 때, 우리는 우리의 에너지를 너무 쉽게 탕진해 버리고, 너무 쉽게 온갖 질병에 무방비로 노출 되어 버리게 된다. 면역 기능이 약화 되기 때문이다. 심지어 혈압이 높아지고, 마음에 안정을 찾지 못 하게 될 수도 있다. 그 결과 우리는 우리가 미워하고 증오하는 대상에게는 티끌만큼도 어떤 영향을 줄 수 없지만, 우리 자신에게는 잔잔한 호수에 큰 태풍이 부는 것처럼 큰 악영향을 받게 된다.

병원에 고혈압으로, 심장병으로 입원하는 환자들 중에 많은 사람들이 자신의 감정을 잘 다스리지 못하고, 한 번 생긴 원한이나 증오심을 좀처럼 풀지 못 하는 그런 특성을 가지고 있다는 사실에 우리는 더 이상 놀라지 않는 다. 이미 너무나 잘 알려진 사실이기 때문이다. 바보처럼 화를 낼 줄 모르는 사람들은 절대 암과 같은 치명적인 병에 걸리지 않는 것처럼, 화를 내고, 증오심을 오래 간직하고 있는 사람은 결국 그러한 마음들이 우리 자신을 공격하고 있다는 사실을 알아야 한다.

그렇기 때문에, 우리는 마음속에 증오심과 질투심과 미움과 원한과 시기심을 모두 버려야 한다. 이것은 바로 우리 자신을 위한 일이다.

성경 말씀에 왜 그렇게 많이 '항상 기뻐하라.' '걱정하지 말라' '두려워하지 말라' '원수를 사랑하라' 라는 말이 있는지 조금은 이해가 가는 것 같다.

원수에 대한 증오심을 버리고, 용서하는 것은 결국 자신을 위한 길이지, 원수를 위한 길이 아님을 우리는 알아야 한다. 바로 이 점에 대해 대문호인 셰익스피어는 다음과 같이 말했다.

" 네 원수로 인해서
난로의 불을 뜨겁게 지피지 마라.

오히려 그 불이
네 자신을 불태울 것이니….."

우리 마음에 증오심과 미움이 스멀스멀 피어 오를 때, 우리는 이 시를 읊조리면서, 그러한 마음을 버리는 연습을 해야 한다. 그것이 우리는 건강하게 지켜주기 때문이다.

누군가를 증오하고, 미워하고, 시기하는 마음을 버려야 하는 이유 중에 또 다른 하나는 바로 우리가 누군가를 미워하고, 증오하고, 시기하게 되면, 우리의 선택과 삶이 그것에 영향을 받고, 그것에 연연해하고, 그것에 메일 수 있기 때문이다. 우리의 인생은 그야말로 선택의 연속이라고 할 수 있다. 어렸을 때는 어떤 분야를 집중적으로 선택하여, 학원에 다닐 것인가에 따라, 인생이 바뀔 수도 있다.

젊었을 때는 어떤 배우자를 결혼 상대로 선택할 것인지에 따라, 우리의 삶의 행복과 성공과 안녕이 바뀔 수도 있다. 그리고 어떤 직장을 선택할 것인지, 어떤 직업을 선택할 것인 것, 어떤 학교를 선택할 것인지, 어떤 학과를 선택할 것인지, 유학을 갈 것인지, 취업을 할 것인지, 그리고 창업을 할 것인지…… 등등 수 많은 선택을 우리는 해야 한다. 그리고 그 선택의 결과가 우리 인생이 된다.

인생을 살면서 하게 되는 굵직한 선택뿐만 아니라, 날마다 살면서 하게 되는 사소하고 작은 선택들도 매우 많다. 아침을 먹을 것인지, 그냥 굶을 것인지? 점심을 뭘 먹을 것인지? 햄버거를 그냥 편하게 사 먹을 것인지? 아니면 밥을 먹을 것인지? 오후에는 운동할 것인지? 그냥 집에서 쉴 것인지? 이와 같은 무수한 선택을 하게 되고, 그 선택의 결과를 우리는 우리의 인생으로 맞아들이게 된다.

이처럼 선택은 바로 인생의 큰 부분을 차지하고 있고, 인생의 큰 방향을 이끌 만큼 매우 중요한 것이다. 그런데 우리가 누군가를 정말 미워하고, 증오하고, 싫어하고 있다면, 우리의 선택은 자유롭지 못하고, 그 미움과 증오심에 의해 영향을 받고, 제한을 받게 된다는 사실이다. 그 결과 우리는 진정 자유롭지 못한, 메인 삶을 살아 가야 한다.

이 얼마나 큰 낭비이며, 어리석은 짓인가?

우리가 진정 자유로워질 수 있는 유일한 방법은 버리는 것이다. 모든 증오심과 시기와 질투, 그리고 증오심을 마음으로부터 완전히 버릴 때, 우리는 완전한 기쁨과 자유를 누릴 수 있다. 우리가 증오심을 가지고 있다는 것은 우리가 그것에 묶여 있다는 말과 동일하다. 그래서 자유함을 누릴 수 없다. 항상 불만이 생기고, 항상 되는 일도 안 된다. 증오라는 부정적인 마음에 알게 모르게 우리 자신이 매여 있기 때문이다.

누군가를 미워하고 증오하는 것은 마음속에 눈에 보이지 않는 사슬이 생겨 나는 것과 마찬가지이다. 그것이 강하면 강할수록, 그리고 많으면 많을수록 우리는 그 감정의 노예가 되고 만다. 그래서 우리는 자유로운 선택과 행동을 할 수 없고, 마치 무엇인가에 끌려 가는 삶을 살게 되고 만다. 그 결과 우리는 우리 삶의 주인의 자리를 어느 순간 부정적이고 파괴적인 그러한 감정과 마음에 빼앗기게 된다.

시기와 질투심을 인간으로 하여금 인간답게 사는 것을 방해하는 가장 큰 걸림돌이다. 인간이 안간 같지 않은 짓을 벌이는 것은 예외 없이 증오심과 시기와 질투 때문이다. 세상에 대해 말할 수 없는 시기와 질투가 발생하고, 묻지마 범죄, 무차별 범죄가 기성을 부리는 것도 결국 증오심과 시기와 질투 때문이다. 행복과 불행도 이유가 필요한 것이 아니다. 우리 마음에 따라 그것이 결정 된다. 하지만 우리가 마음으로부터 타인에 대한 시기와 질투가 발생하게 되면, 그 순간부터 자신이 이 세상에서 가장 불행한 사람으로 느껴지게 되고, 타인이 모두 미워지게 된다. 그러한 마음은 결국 세상에 대한 파괴로 이어진다. 시기와 질투심이 많으면 많을수록 그 파괴성은 강해진다. 시기와 질투심은 누구라도 마음 속에 생길 수 있다. 하지만 문제는 그러한 마음을 얼마나 잘, 그리고 얼마나 빨리 버릴 수 있느냐 하는 것이다. 성인 군자 역시 시기와 질투가 완전히 생기지 않는 다고 할 수 없다. 하지만 그들이 성인 군자라고 칭송 받는 이유는 그 만큼 자신의 마음을 잘 다스릴 줄 알았던 사람들이었기 때문이다.

행복한 삶을 살고자 원한다면, 오늘부터 버리는 사람이 되자. 누군가에 대한 증오, 시기, 질투, 미움을 버리자, 버리는 그 순간 우리는 기쁨과 해방감과 행복을 되찾을 수 있다. 버릴 때 우리는 더 큰 것을, 더 좋은 것을 얻을 수 있다.

2부. 버림은 비움이자 회복이다

- 버리는 즐거움을 아는가

우리의 삶을 황량하게 만들고, 정신 없게 만드는 것은 바로 다름아닌 우리 자신이다. 그리고 우리 자신 중에서도 욕심과 욕망에 찌든 마음이다. 채우면 채울수록 더 많은 것을 달라고 아우성치기 때문이다. 결론은 욕심이나 욕망은 끝이 없이, 무한정으로 증가한다는 것이다. 그래서 욕망을 채움으로써 기쁨과 즐거움과 만족을 누리고자 한다면, 그것은 잘못된 선택이며, 잘못된 생각임에 틀림 없다.

우리가 가진 잘못된 생각을 버릴 때 우리는 매우 큰 기쁨을 얻게 된다. 그것은 마치 우리가 우리의 집에 온갖 쓰레기를 쌓아 놓고, 우리의 집이 쾌적한 생활 공간이 되어 주길 바라는 것과 다름 없기 때문이다.

인간은 누구나 행복해지고 싶어 한다. 하지만 진정으로 행복한 사람은 찾아 보기 힘들 정도로 매우 적다. 그 이유는 소유하고 가지는 것이 행복해지는 길이라고 생각하기 때문이다. 가지면 가질수록 우리는 그 가진 것 때문에 더 행복해 질 수 없다는 사실을 이해해야 한다. 이 사실을 이해하지 못하기 때문에, 사람들은 과거 십 년 전보다 더 많은 것을 가졌지만, 더 행복해지지 않는 것이다.

우리가 우리가 가진 소유를 하나씩 타인과 이웃을 위해 나누어 줄 수 있는 사람은 절대 자신이 불행하다고 한탄하지 않는 다. 그것은 이미 그는 마음이 누구보다 부유한 사람이기 때문이다. 이처럼 우리가 마음으로부터 진정 온갖 욕심과 욕망과 시기와 질투와 증오를 버릴 수 있다면, 그 또한 매우 행복한 삶을 살아가고 있는 사람이 될 수 있을 것이다.

그러한 것들을 버릴 때 우리는 새로운 것들 즉 만족과 기쁨과 평안과 충만함을 누릴 수 있기 때문이다.

이 세상에서 가장 행복한 사람은 가장 많은 것을 훌훌 버릴 줄 아는 사람이 아닐까? 그런 사람이 있을까? 바로 마더 테레사 수녀의 삶이 그러한 삶이 아닐까 생각 해 본다. 그녀는 사랑 받고자 하는 욕구조차 버리고자 노력 한 인물이다. 명예로워지고자 하는 욕구조차, 버리고자 했던 인물이며, 심지어는

잊혀지고, 오해 받고, 조롱 당하고, 배신당하고, 의심받는 두려움조차 버리고자 했던 인물이었다. 그렇기 때문에, 그녀는 가장 행복한 사람이 될 수 있었고, 가장 많은 이들에게 사랑과 평화를 안겨 준 거장이 될 수 있었던 것이다

" 사랑받고자 하는 욕구에서 나를 구하소서
격찬받고자 하는 욕구에서 나를 구하소서
명예로워지고자 하는 욕구에서 나를 구하소서
칭찬받고자 하는 욕구에서 나를 구하소서

편애받고자 하는 욕구에서 나를 구하소서
신뢰받고자 하는 욕구에서 나를 구하소서
인정받고자 하는 욕구에서 나를 구하소서
인기를 누리고자 하는 욕구에서 나를 구하소서

굴욕에 대한 두려움에서 나를 구하소서
멸시에 대한 두려움에서 나를 구하소서
비난에 대한 두려움에서 나를 구하소서
중상모략에 대한 두려움에서 나를 구하소서

잊혀지는 두려움에서 나를 구하소서
오해받는 두려움에서 나를 구하소서
조롱당하는 두려움에서 나를 구하소서
배신당하는 두려움에서 나를 구하소서
의심받는 두려움에서 나를 구하소서."

이처럼 그녀는 평범한 사람들이 생각도 못 한 것들까지도 버리고자 노력했고, 버렸기 때문에 위대한 평화의 인물이 될 수 있었고, 가장 행복한 사람이 될 수 있었던 것이다.

그녀는 자기 자신의 삶도 버렸다. 그 결과 어떤 위대한 인물의 삶보다 더 큰 삶을 얻게 되었다. 그리고 어떤 위대한 사람보다 더 즐거운 삶을 살았다고 말 할 수 있다.

참 된 즐거움은 소유와 쾌락에서 발생하지 않기 때문이다. 자신을 버릴 때, 더 큰 자신을 발견할 수 있다. 타인을 행복하게 할 때, 우리 자신도 행복해 질 수 있다. 내가 먼저 줄 때, 우리는 다시 받을 수 있다. 이것이 자연의 법칙이기 때문이다.

우리를 힘들게 하는 것은 우리가 소유한 것이 아니라, 우리가 버리지 못 한 것 때문이다. 우리가 가지고 있는 체면을 버리면, 우리는 좀 더 가벼운 삶을 살 수 있다. 우리가 가진 책임을 버리면, 우리는 좀 더 자율적인 삶을 살 수 있다.

우리가 가진 격식을 버리면 우리는 좀 더 가까운 친구를 얻을 수 있다. 우리가 가진 고집을 버리면, 우리는 좀 더 화합할 수 있다.

우리가 가진 편견을 버리면, 우리는 좀 더 넓은 시각으로 세상을 얻을 수 있다. 우리가 가진 두려움을 버리면, 우리는 좀 더 많은 도전을 해 볼 수 있다. 우리가 가진 상처를 버리면, 우리는 좀 더 많은 이들을 진심으로 포옹할 수 있다.

우리가 가진 열등감을 버리면, 우리는 좀 더 큰 자신감으로 이 세상을 당당하게 살 아 갈 수 있다. 우리가 가진 분노를 버리면, 우리는 좀 더 사랑스러운 눈길로 타인과 교감하며 살 수 있다. 우리가 가진 걱정을 버리면, 우리는 좀 더 행복한 삶을 살 수 있다.

문제는 가진 것이 아니라, 그것을 버리지 못 하는 데 있다. 버릴 수 있는 자는 진정 행복한 사람이다.

- **버리는 것만으로도 삶이 바뀐다.**

우리의 찌든 삶을 변화시키는 가장 강력한 도구는 우리 마음을 혁명하는 것이다. 그리고 그 마음 혁명의 가장 요체는 버리는 것이다. 마음을 비우고, 마음의 욕심을 버리면, 누구보다 행복한 만족과 기쁨과 평안이 찾아 들게 만들어 진 것이 우리의 마음이기 때문이다. 창조주가 창조한 것 중에 우리 마음처럼 강력하고, 놀라운 것은 없을 것이다.

2,000년 전 자신의 생명을 버림으로써, 온 인류에게 사랑과 평화의 메시지를 전해 준 예수 그리스도 역시 버림을 통해, 온 인류의 생명을 얻으신 분이다. 그는 다음과 같은 비유의 말씀을 통해, 자신을 버리는 것이 얼마나 큰 유익인지 설명해 주셨다.

" 내가 진실로 너희에게 이르노니 한 알의 밀이 땅에 떨어져 죽지 아니하면 한 알 그대로 있고 죽으면 많은 열매를 맺느니라. 자기의 목숨을 사랑하는 자는 목숨을 잃어버릴 것이요, 이 세상에서 자기 생명을 미워하는 자는 영생하도록 보전하리라."

우리는 모두 한 알의 밀과 같은 존재라고 할 수 있다. 그래서 우리가 가진 한 알을 그대로 움켜잡고 평생 살아간다면, 결코 열매를 맺을 수 없다. 하지만 우리가 가진 한 알을 내어 준다면, 우리는 우리의 삶을 통해 많은 열매와 기쁨을 누릴 수 있다. 이것이 버림의 역설적인 미학이다.

[행복은 내 마음속에 있다]의 저자인 랄프 트라인은 버림의 미학에 대해 다음과 같은 견해를 피력한 바 있다.

" 일이 재미없다고 한탄하는 사람들은 그 일을 누가 시켜서 하는 것이라고 밖에는 생각하지 않는 사람들이다. 일을 재미있게 하기 위해서는 시켜서 하는 것이라는 생각을 버리고 이렇게 하면 재미있어진다는 자세로 스스로 일에 몰두하는 것이 중요하다."

그의 말대로, 우리는 우리가 가진 잘못된 생각, 비뚤어진 생각을 버리는 것만으로 우리의 삶의 자세가 바뀌고, 그로 인해 삶이 바뀔 수 있다.

성공하는 사람과 실패하는 사람의 가장 큰 차이는 사소한 생각의 차이라고 할 수 있다. 어떻게 보면 매우 사소해 보이고, 작아 보이는 것이지만, 그 작은 생각의 차이가 큰 결과를 초래한다. 그래서 성공과 실패는 종이 한 장 차이 밖에 나지 않지만, 그 한 장 차이를 생각을 바꾸지 않는 사람들은 절대 넘지 못 한다. 특히 잘못된 생각, 비뚤어진 생각을 버리지 못 한다면, 절대 그 차이를 넘을 수 없다. 작은 생각의 차이보다 더 무서운 것은 잘못된 생각과 비뚤어진 생각이기 때문이다. 그렇기 때문에, 그러한 생각을 버릴 수 있는 사람은 성공할 수 있는 길로 들어선 것과 다를 바 없다.

- **진짜 버려야 할 것은 물건이 아니다. 마음의 온갖 잡동사니이다.**

오래전에 고도원의 아침편지에 소개된 '열대림 원숭이의 사냥법'에 관한 이야기를 매우 감동적으로 읽은 적이 있다. 욕심과 욕망을 가지고 있는 동물이 인간만이 아니라는 사실에 한 번 놀랬고, 그 사실을 통해 우리 인간의 욕심 또한 얼마나 위험한 것인가에 대해서 또 한 번 놀란 적이 있었다.

인도의 열대림에서는 매우 특이한 방법으로 원숭이를 사냥하는 방법이 전해 내려 온다. 작은 나무 상자 속에 원숭이들이 매우 좋아하는 견과류를 넣는다. 그리고 나서 상자 위쪽에 원숭이 손만 겨우 들어갈 정도의 작은 구멍을 뚫어 놓는다고 한다. 그렇게 하면, 원숭이들은 상자 속의 견과류를 먹기 위해, 상자의 작은 구멍에 손을 넣어 먹이를 움켜쥔다고 한다. 하지만 상자의 구멍은 워낙 작게 만들어 놓았기 때문에, 절대 견과류를 움켜쥔 주먹이 빠지지 않는 다는 것이다. 이때 원숭이는 견과류를 포기하면, 자신의 손을 넣을 때와 마찬가지로 뺄 수 있게 된다. 하지만 놀랍게도 원숭이는 절대로 견과류를 포기하지 않는 다는 것이다. 사냥꾼들이 옆에 다가오는 것을 빤히 보면서도 절대 견과류를 포기하지 않는 다. 그 결과 사냥꾼들에게 잡혀, 다시는 밀림의 자유를 맛 보지 못 한 채, 나락으로 떨어지게 된다.

이 사실을 통해, 우리는 원숭이를 매우 크게 비웃을 수도 있을 것이다. 하지만 따지고 보면, 이 원숭이의 모습이 바로 우리 인간의 모습이 아닐까?

우리가 패가망신하고, 싸움과 다툼을 통해, 칼부림이 나고, 상처를 입히고 주고, 오래 동안 사귀었던 절친한 친구와 의가 상하고, 친척과 가족끼리 분쟁이 일어나서, 소송까지 하는 것이 모두 이 원숭이와 같은 이유 때문이 아닐까?

권력을 버리지 못 해서, 돈을 버리지 못 해서, 인기를 버리지 못 해서, 명예를 버리지 못 해서, 분노를 버리지 못 해서, 우리는 더 큰 잘못을 저지르고, 소송을 하고, 싸움을 하고, 거짓말을 하고, 자살을 하고, 파멸의 길로 들어서게 된다.

하지만 따지고 보면, 우리가 진정 버려야 할 것은 눈에 보이는 견과류가 아니다. 눈에 보이지 않는 우리의 마음의 온갖 잡동사니이다. 마음의 온갖 잡동사니를 버리는 사람은 매우 행복한 사람으로 거듭날 수 있다.

마음에 들끓고 있으면서 우리 자신을 항상 괴롭히고 있는 모든 걱정, 근심, 염려, 두려움을 우리는 버려야 한다. 모든 불안과 초조, 슬픔, 우울을 버려야 한다.

- **모든 원한과 아픔과 상처와 분노를 버릴 때, 당신은 진정으로 행복해질 수 있다.**

우리 민족에게 가장 큰 상처와 아픔을 남긴 것은 뭐니뭐니해도 6.25 전쟁이다. 이 전쟁을 통해 얼마나 많은 이들이 가족을 잃고, 삶을 잃고, 희망을 잃었겠는가? 누구는 부모를 잃고, 누구는 형제를 잃고, 누구는 자녀를 잃었다. 이 때는 누구나 큰 아픔과 상처를 받은 시대였다.

이 시대에 태어나지 않은 것만 해도 우리는 감사 해야 한다. 지금 우리가 살고 있는 이 평화의 시대에는, 비록 그것이 휴전일지라도, 전쟁을 경험하지 않았다는 것만 해도 큰 감사를 해야 한다. 과거 6.25 전쟁 당시 너무나 많은 가슴 아픈 사연들이 있었지만, 그 중에서도 필자의 가슴을 사로 잡는 감동의 이야기가 있다. 바로 사랑의 원자탄이라고 불리는 손양원 목사의 이야기이다.

손양원 목사는 1902년 6월 3일, 경남 함안군에서 손종일 장로와 김은주 집사 사이에 장남으로 출생하였다. 학창 시절에도 신앙심이 두터워, 많은 이들이 신사참배를 하였지만, 그는 신사참배가 하나님께서 명령하신 십계명을 범하는 것이라는 사실을 알고, 신사참배를 거부하였고, 그 결과 퇴학을 당하기도 했다.

그는 어려움 가운데에서도 주일 성수와 십일조 생활을 철저하게 했다. 목회자가 된 이후에도 신사 참배의 유혹은 끊이지 않았지만, 그는 여전히 신앙을 저버리지 않았고, 그로 인해 해방 될 때까지 6년간의 옥고를 치러야만 했다. 오직 하나님만 붙잡고, 목회에 전념하고 있는 그에게 매우 충격적이고 비극적인 사건이 발생한다.

바로 여순 사건이었나. 이 사건을 통해, 손 목사의 두 아들 동인과 동신이 공산 프락치들에게 가장 먼저 체포되어, 인민재판에 회부되었다. 이때 두 형제는 서로 대신하여 죽기를 자원하였다고 한다. 하지만 잔인한 폭도들은 이 두 형제를 한꺼번에 무자비하게 총살을 하고 말았다. 하루아침에 손 목사는 금쪽같은 아들 두 명을 잃게 되었던 것이다. 이 두 아들의 장례식 날 손 목사의 고백은 그 곳에 모인 사람들에게 큰 감동을 주었다.

" 여러분, 내 어찌 긴 말의 답사를 드리리요. 내가 아들들의 순교를 접하고 느낀 몇 가지 은혜로운 감사의 조건을 이야기함으로 대신할까 합니다.

첫째, 나 같은 죄인의 혈통에서 순교의 자식들을 나오게 하였으니 하나님께 감사드립니다.

둘째, 허다한 많은 성도중에 어찌 이런 보배들을 주께서 하필 내게 주셨는지 그 점 또한 주께 감사드립니다.

셋째, 3남 3녀 중에서 두 아들 장자와 차자를 바치게 된 나의 축복을 하나님께 감사드립니다.

넷째, 한 아들이 순교도 귀하다 하거늘 하물며 두 아들의 순교이리요. 하나님께 감사드립니다.

다섯째, 예수 믿다가 누워 죽는 것도 큰 복이라

하거늘 하물며 전도하다 총살 순교 당함이리오. 하나님께 감사드립니다.

여섯째, 미국 유학 가려고 준비하던 내 아들, 미국보다 더 좋은 천국 갔으니 내 마음 안심되어 하나님께 감사드립니다.

일곱째, 나의 사랑하는 두 아들을 총살한 원수를 회개시켜 내 아들로 삼고자 하는 사랑의 마음을 주신 하나님께 감사드립니다."

눈에 넣어도 아프지 않는 아들을 그것도 두 명이나 하루아침에 총살형으로 잃은 아버지의 마음속에는 슬픔과 분노와 원한과 아픔과 상처는 절대 찾아볼 수 없었다. 손 목사의 마음속에는 오직 감사와 사랑뿐이었다. 이러한 그의 모습에 장례식에 참석한 모든 사람들은 참된 예수 사랑의 모습을 보게 되었고, 그것을 사랑과 섬김을 실천하는 신앙의 계기로 삼게 되었다.

여수, 순천 반란 사건이 진압된 후, 정세는 바뀌어,

손 목사의 두 아들을 죽인 자들 중 한 명인 '안재선'이라는 자도 체포되어, 이제는 그가 총살당하게 되었다. 이 소식을 접한 손 목사는 계엄 사령관을 찾아가서, 자신의 두 아들을 죽인 원수를 살려달라고 간청하였다.

그의 간청은 그야말로 인간으로서 할 수 없는 놀라운 사랑의 원자폭탄 급 위력을 발휘했다. 총살형을 선고받은 반란군 '안재선'은 기적적으로 풀려났다. 놀라움은 그것이 전부가 아니었다. 손 목사는 자신의 두 아들을 죽인 원수인 '안재선'을 정말로 자신의 아들로 삼았던 것이다. 이름을 '안재선'에서 '손재선'으로 바꾸고, 아들에게 베푸는 사랑으로, 친아들처럼 사랑을 하며, 회개시켜 하나님의 자녀로 만들었던 것이다.

이분의 삶을 통해 우리가 배워야 하는 가장 중요한 지혜는 바로 원한과 아픔과 상처와 분노를 버리고, 오히려 사랑으로 대할 때, 우리가 행복해 지는 기적이 우리의 삶에 발생하게 된다는 사실이다.

우리가 누군가에 대해 원한과 아픔을 가지게 되면, 그것으로 인해 가장 힘든 삶을 살아가게 되는 것은 바로 우리 자신임을 알아야 한다. 반대로 우리가 우리에게 큰 죄를 지은 사람일지라도 그 사람을 용서하고, 그 사람에 대한 원한과 아픔과 상처와 분노를 마음으로부터 버릴 때, 우리는 무엇보다 큰마음의 평화와 위로를 얻게 되고, 나아가서 행복한 삶을 살 수 있게 된다.

이러한 마음의 혁명이 가장 필요한 곳은 어디일까?

그것은 바로 가장 많이 우리가 만나고 접촉하는 장소인 가정과 직장이다. 가정과 직장은 우리가 평생을 살면서 가장 많은 접촉을 하게 되는 장소이다. 그리고 그 장소에서 일어나는 인간과 인간의 관계는 매우 복잡하게 얽혀지게 된다. 그래서 가정이 화목하면 그 만큼 우리는 행복한 삶이라고 말 할 수 있다. 그리고 또 한 가지 장소는 바로 직장이다.

직장은 우리가 가장 많은 시간을 보내는 곳이다. 그리고 직장 동료들은 우리가 가장 많은 시간을 보내는 그 곳에서 우리가 행복하고 즐겁게 보낼 수 있을지, 아니면 힘들게 보낼 것인지를 결정짓는 가장 큰 기준이 된다. 그래서 직장 생활이 힘들다고 하는 사람들은 대 부분 일보다 사람과의 관계가 힘들다는 것을 의미한다.

그렇다면 왜 우리가 가정과 직장에서 더 더욱 마음 혁명이 필요한 것일까? 그것은 우리가 가정에서 특히 부부 사이에 가장 큰 상처와 아픔과 분노가 생겨나기 때문이다. 그리고 직장에서 동료 사이에, 상사와의 사이에, 부하 직원들과의 사이에서 가장 큰 상처와 아픔과 분노가 생겨나기 때문이다.

왜 하필 가정, 특히 부부 사이, 그리고 직장에서 동료들과 상사와 부하직원들과의 사이에서 가장 큰 상처와 아픔과 분노가 생겨나는 것일까? 그것은 우리의 내면에 숨겨져 있는 것들이 마음껏 밖으로 발산되는 것을 가로막는 것들이 없어지는 곳이기 때문이다. 이것은 마치 유리컵에 모래와 흙과 온갖 찌꺼기들이 가득 차 있게 만들어 물을 부은 것과 같다.

우리가 가게 되는 사교 단체나 동호회나 종교 단체에서는 아무도 우리를 스트레스 받게 하지 않는다. 그래서 우리는 웃으면서, 즐겁게 시간을 함께 보내다가, 올 수 있다. 이것을 유리컵에 비교하면, 아무도 유리컵을 흔들지 않고, 그대로 탁자 위에 올려놓는 것과 같다. 그래서 유리컵 속의 물은 매우 맑아 보인다. 즉 어떠한 상처도, 분노도, 아픔도 발생하지 않는 다.

하지만 가정에서, 부부 사이로 한 평생 살다 보면, 가정 밖에서 타인에게 보여 주었던 행동과 달리 거의 본능적인 행동을 서슴없이 하면서 살게 된다. 지켜야 할 예의나 격식도 차리지 않는 다. 한 마디로 마구 행동을 한다. 마치 혼자 있을 때 하는 행동과 가깝게 행동을 하게 된다. 이것을 통해 부부 시이에는 엄청난 스트레스와 상처와 분노가 서로 발생하게 되어, 차마 밖에서 볼 수 없었던 그 사람의 진가를 알게 된다. 이것은 마치 탁자 위에 조용하게 놓여 있던 유리컵을 마구 흔들어, 온갖 찌꺼기와 흙과 모래가 뒤범벅 되면서, 흙탕물이 되는 것과 같은 이치이다.

직장에서의 삶의 모습도 이와 같다. 업무로 시달리고, 상사의 요구에 시달리고, 부하 직원들의 무례한 행동에 스트레스 받다 보면, 자신의 내면에 쌓아 놓았던 모든 것이 스스럼없이 뿜어져 나오게 되어 있다. 그로 인해 서로 상처를 주고, 분노가 쌓이고, 급기야는 폭발하게 된다.

이처럼 가정과 직장에서 우리는 가장 많은 상처와 아픔과 분노와 원한을 받으면서 살아가게 된다. 그래서 우리가 가정과 직장에서 행복하고 즐겁게 생활할 수 있다면, 정말 행복한 삶을 살고 있다고 말할 수 있다. 하지만 수많은 사람이 그렇지 못하다.

이혼율이 세계에서 가장 높은 나라에 속하는 한국이 되었다는 것을 보면 알 수 있다. 직장에서 발생하는 온갖 스트레스와 분노와 상처로, 직장을 오래 다닌 대기업 간부들이 정신과 진료를 받고, 심지어는 자살을 하는 경우가 많아지고 있다. 이러한 현상은 과거보다 현재 더 심해지고 있다.

이런 추세에 발맞추어 우리에게 가장 필요한 것은

우리 마음의 분노와 상처와 아픔과 원한을 버리고, 스스로에게 자유와 평화를 주는 것이다.

필자 역시 결혼을 매우 늦게 한 덕분에, 부부생활을 십 년 가까이 정도밖에 안 했지만, 그래도 그 십 년 가까운 세월 동안 얼마나 큰 상처와 아픔과 원한과 분노를 경험했는지, 아마 독자들은 상상도 못 할 것이다.

세상을 살면서 가장 비참한 감정도 경험했고, 세상을 살면서 가장 큰 아픔도 바로 그 사랑한다며, 평생 함께 살고 싶어 안달했던 그 여자한테서 얻게 되었다. 세상을 살면서 가장 큰 원한을 가지게 된 것도 바로 그 여자였다. 정말 세상에서 가장 사랑했던 여자가 세상에서 가장 증오하는 여자가 되었다. 그 순간 나는 알았다.

왜 사람들이 이혼하는지 말이다. 눈에 넣어도 아프지 않는 토끼 같은 자식들이 있음에도, 왜 이혼을 해야만 하는지를 완전하게 이해를 할 수 있었다.

" 아!! 바로 이래서 사람들이 이혼하는 것이구나!!!!! "

정말로 부부 사이에 받는 상처와 아픔과 분노와 원한은 이 세상의 그 어떤 것들보다 강력하고, 파괴적인 것들이었음을 나는 알았다. 그리고 나 역시 반드시 이혼을 하리라고 마음을 먹었다. 그래서 1년 6개월 동안을 법적으로만 부부로 살았다. 내 마음과 영혼은 이미 그 여자를 버렸기 때문이다.

나는 1년 6개월 동안 너무너무 힘든 삶을 살았다. 그런데 그 1년 6개월 동안 사는 것이 사는 것이 아니었다. 지금에야 깨닫게 된 한 가지 사실은 내가 누군가에게 분노와 원한을 가지고 살아가는 그 순간에는 나는 절대 행복할 수 없다는 사실이었다.

" 내가 누군가에게 분노와 원한을 가지고 살아간다면, 나는 절대 행복할 수 없다."

나는 1년 6개월 동안 분노와 원한과 상처와 아픔을

고이 간직한 채, 살았다. 그리고 그 분노와 원한을 가지고 살면서, 그녀와 이혼하고자 결심한 것은 바로 그녀에 대한 복수 때문이었다. 도저히 나에게 상처와 아픔을 준 그녀를 내 마음으로부터 용서할 수 없었기 때문이다. 하지만 그녀를 용서하지 못한 내 마음은 그녀를 힘들게 하는 것이 아니라, 바로 나 자신을 1년 6개월 동안 힘들게 했던 것이다.

나는 비로소 그 사실을 깨달았다. 1년 6개월 동안 지옥 같은 삶을 산 후에야 이 사실을 깨닫게 되었고, 나는 그러한 깨달음 후에, 비로소 내 마음에 모든 원한과 분노와 아픔과 상처를 저 강물에 모두 띄워서 흘러 버리고자 결심했다. 내 마음에서 그러한 것들을 모두 버리고자 결심했다.

그러한 결심을 하는 순간 내 마음에는 무척 오래간만에 평화와 사랑이 찾아 들었다. 그리고 필자는 다시 행복한 삶을 얻었다. 내 삶이 다시 행복해 지기 위해 필요했던 것은 온전히 마음으로부터의 혁명뿐이었다.

직장에서도 나는 이와 비슷한 경험을 한 바 있다.

대한민국에서 대학생들이 가장 취업하기 원하는 기업에서 운 좋게 십 년 넘게 직장 생활을 했다. 나의 첫 직장이자 마지막 직장이었다. 나름대로 직장 생활을 잘해 나가던 입사 3년 차의 일이었다.

고졸 출신의 모 과장이 우리 부서로 새롭게 들어왔다. 처음에는 큰 마찰도 없이 잘 지냈지만, 어느 순간 그 과장과 마찰이 생기기 시작했다. 아마도 회식 때, 술을 거부하고, 자신이 원하던 2차에 가지 않았던 일 때문에, 나에게 감정이 상한 것 같았다.

그 회식이 있던 날 이후로, 그 과장의 눈빛과 태도가 매우 달라졌다. 사사건건 나를 못 잡아먹어 안달이 난 것 같았다. 차츰 분노와 원한이 쌓이기 시작했다. 정말 치가 떨릴 만큼 그 과장이 미워졌고, 증오심이 불타게 되었다.

정말 열심히 일하면서 행복했던 직장 생활이 지옥과도 같은 직장 생활로 전락해 버렸던 것이다. 그때부터 직장생활이 더 이상 행복하지 않았던 것이다. 말 그대로 죽지 못해 사는 것과 같았다. 모든 것이 그 과장 때문에 그런 것이라고, 생각하며, 그 과장에 대한 원망과 분노와 증오심만 계속 커졌다.

그러던 어느 날, 그 과장과 필자 사이의 감정 문제를 잘 알고 있었던 우리 팀의 부장님께서 '화'라는 주제로 쓰인 책을 한 권 필자에게 선물하셨다. 팀에서 핵심적인 역할을 해야 할 과장과 대리가 자꾸 마찰을 일으키고, 풀리지 않는 깊은 감정의 골이 깊어졌다는 사실을 누구보다 잘 알고 있었던 부장님께서는 우리의 문제가 팀 전체의 문제라는 사실을 잘 알고 계셨기 때문이다.

나는 그 책을 통해, 가장 큰 문제는 나의 외부 즉 타인이나 조건이 아니라, 바로 나 자신 즉 나의 내부인 마음이라는 사실을 그 때 처음 알게 되었다. 그 결과 나는 내가 지금 회사 생활이 그렇게 힘든 이유는 타인 때문이 아니라, 그 사람에 대한 나의 마음 때문이라는 사실을 알게 되었다.

그때부터 나는 내 삶에서 일어나는 모든 문제의 원인을 나 자신에게 눈을 돌려서 찾는 습관이 생겼다. 그리고 그렇게 하다 보니, 모든 문제의 해결책이 나의 내부에 있다는 사실도 체험을 통해 알게 되었다. 그때부터 나는 나 자신에게 스스로 반구(反求)하는 습관을 가지게 되었다.

마음이야말로 에너지 보존 법칙이 가장 잘 적용되는 세계이다.

우리가 학교에 다니면서 배우게 되는 많은 법칙들이 있다. 그중에서도 학교를 졸업한 이후에도 변함없이 오랫동안 머리에 남아 있는 법칙이 무엇이 있을까? 필자의 경우에는 에너지 보존의 법칙이다. 이 법칙은 제목만 기억하고 있으면, 그 내용의 대부분을 미루어 알 수 있는 법칙 중에 하나이다.

에너지 보존 법칙은 에너지의 형태가 어떻게 바뀌더라도 총 에너지의 합은 일정하다는 것이다. 즉 에너지의 형태가 바뀌더라도, 그 변화에 관계없이 전체의 에너지 양은 항상 일정하며, 무(無)에서 에너지를 창조할 수 없다는 물리학의 근본 원리를 나타내는 법칙이다. 모든 에너지는 위치 에너지를 포함하며, 현대 물리학에서는 질량도 에너지의 일종으로 보고 있다.

그런데 이러한 법칙이 물리적인 세계, 눈에 보이는 세계에서보다도, 더욱 더 눈에 보이지 않는 세계에서도 그대로 적용이 된다는 사실을 알고 있는가? 바로 우리 마음의 세계에서 그 법칙이 더욱더 잘 적용이 된다.

마음으로부터 누군가를 미워하고, 증오하는 것은 엄청난 마음의 에너지를 사용하는 것이고, 낭비하는 것이다. 그러한 미움과 증오는 고스란히 또 다른 엄청난 좋지 못 한 일로 형성이 되어, 우리와 우리의 삶에 다시 되돌아 온다는 사실이다. 그 결과 우리가 누군가를 미워하고, 증오하면, 그 미움과 증오의 에너지는 또 다른 좋지 못 한 일로 바뀌어, 다시 우리에게 되돌아온다. 그 결과 누군가를 미워하고 증오하는 사람치고, 즐겁고, 행복한 나날을 보내는 사람이 거의 없게 되는 것이다.

누군가를 미워하고 증오하는 우리 마음의 에너지는 결국 그와 비슷한 좋지 못 한 에너지를 불러들이게 되어 있다. 왜냐하면 그래야 에너지가 보존이 되고, 유지가 되기 때문이다. 우리 마음에서 나간 것이 무엇이든 그것과 동일한 종류와 성격의 것이 다시 되돌아온다는 사실이 바로 마음의 에너지 보존 법칙이라고 할 수 있다.

우리 마음에서 누군가를 사랑하고, 이해하고, 진실로 배려해 주고, 용서해 주고, 포용해 주고자 한다면, 그래서 그러한 마음을 먹게 되면 그 순간 우리 마음으로부터 엄청난 사랑과 이해의 에너지가 사용된다. 그 결과 우리와 우리 삶에 그와 비슷한 종류의 엄청난 좋은 일들을 만나게 된다. 그것은 그러한 좋은 에너지가 나간 만큼, 우리에게 다시 되돌아 오게 하기 때문이다. 이런 점에서 마음은 강력하고, 창조적인 에너지인 것이다.

우리가 마음으로부터 분노와 원한을 가지게 되면, 분노와 원한과 같은 성격의 좋지 못 한일을 창조해 내는 것과 같다. 그리고 우리가 마음으로부터 사살과 용서와 이해와 배려를 가지게 되면, 그것과 마찬가지로 비슷한 종류의 좋은 일들을 우리 삶에 창조해 내는 것과 같다. 바로 이러한 원리의 토대가 되는 것이 마음의 에너지 보존의 법칙 때문이라고 말할 수 있다.

큰 유행을 전 세계적으로 불러일으킨 [시크릿]이나 [끌어당김의 법칙]은 모두 이러만 마음의 에너지 보존 법칙이라는 원리에 그 토대를 두고 있는 것이라고 할 수 있다. 우리가 좋은 것을 상상하면 좋은 것이 오고, 나쁜 것을 상상하면, 나쁜 것이 온다는 것이 바로 끌어당김의 법칙이다. 더 쉽게 말해, 성공을 생각하면 성공이 오고, 행복을 생각하면 행복이 온다는 것이다. 그리고 반대로 실패를 생각하면 실패가 오고, 불행을 생각하면 불행이 온다는 것이 끌어당김의 법칙이다. 우리가 생각하는 것과 비슷한 것을 끌어 당긴다는 것이다. 그래서 유유상종(類類相從)의 법칙과 거의 비슷한 법칙이다.

그렇다면 왜 끌어당김의 법칙, 유유상종의 법칙이 마음의 에너지 보존의 법칙을 토대로 하고 있는 것일까? 마음의 작동이 가시적으로 보이는 것이 바로 끌어당김의 법칙이며, 유유상종의 법칙이라고 할 수 있기 때문이다. 그 내면의 동작 원리는 바로 마음의 에너지 보존 법칙이다.

수많은 사람들 중에서도 사고가 유독 다른 사람보

다 잘 나는 사람들이 있다. 이 사람은 신혼여행을 가기 위해 먼 나라에 가도, 그곳에서 사고가 발생하고, 돌아오는 비행기에서도 사고가 발생하고, 집에 와서도 사고가 발생한다고 한다. 과연 그 이유는 무엇일까? 그것은 바로 그 사람의 사고와 관련된 생각들이 바로 그와 같은 성질의 일들 즉 사고를 불러들이기 때문이다.

에너지 보존의 법칙의 측면에서 사고와 같은 파괴적이고, 무서운 에너지와 비슷한 에너지는 사고와 같은 에너지뿐이기 때문에, 그것과 비슷한 것이 우리 삶에 발생할 수밖에 없다. 그리고 좋은 일을 생각하는 사람들은, 좋은 일과 같은 희망적이고 기쁜 에너지는 그 나름 대로의 독특한 에너지를 가지고 있기때문에, 다른 어떤 것들로도 균형을 이룰 수 없다. 그래서 그 에너지와 동일한 좋고 기쁜 일을 통한 에너지를 되돌려 받기 위해, 좋고 기쁜 일이 우리 삶에 발생하게 되는 것이다.

" 마음의 에너지 보존 법칙이 끌어당김의 법칙, 유유상종의 법칙의 원리의 토대가 되는 법칙이다."

우리가 좋은 것을 상상하고 사고하면, 좋은 일이 생기고, 우리가 나쁜 것을 상상하고, 사고하면 나쁜 일이 생기는 것은 우리 인간들이 신의 형상을 따라 창조된 아주 특별한 존재이기 때문이다. 그래서 인간은 다른 것들을 창조할 수 있는 존재이다. 그런데 그 창조의 시작은 바로 마음 즉 사고력인 것이다. 동물과 인간을 다르게 창조하신 것이 바로 생각하는 힘, 즉 사고력이다. 동물들에게는 그러한 사고력이 없다. 하지만 인간만은 그것을 가지고 있다. 그래서 동물들은 자동차를 만들 수 없다. 자전거도 만들 수 없다. 하지만 인간은 만들어 낼 수 있고, 그것보다 훨씬 더 복잡한 기계들을 만들어 내고 있다.

" 인간의 손으로 만들어 내는 형상은 모두 원래는 머릿속에서 생각했던 것이다. 인간은 사고를 하고 비로소 사물을 현실의 형상으로 만드는 것이다."

이 말은 월러스 D. 워틀즈의 말이다. 그는 우리가 형상이 있는 것을 만들어 내는 힘은 사고력 밖에 없기 때문에, 사고력이 만물의 근원이며, 사고력 덕분에 오늘날 우리가 사는 세상이 되었다고 한다. 그의 말대로 우리가 머릿속에서 생각하게 되면, 그것이 현실로 형상이 되어 나타나는 것은 마음의 에너지 보존의 법칙이 그대로 적용이 되기 때문이라고 설명할 수 있다.

우리가 무엇인가를 사고하는 순간, 사고하는 대상과 같은 수준과 성격의 에너지를 되 돌려 받기 위해, 그러한 것들이 창조되어서, 우리에게 다시 되돌려 진다. 그래서 우리가 가진 마음의 에너지는 그대로 보존이 되는 것이다. 우리가 가진 마음의 에너지가 너무 큰 일로 인해, 크게 상실 될 때, 우리는 아무 것도 생각할 에너지가 없기 때문에, 아무 생각도 못하고, 아무 것도 할 수 없는 인간으로 전락하게 된다. 그래서 무엇보다 마음의 에너지를 잘 보존하고 지킬 필요가 있다.

마음의 에너지를 잘 보존하고 지키는 방법 중에 하나가 바로 마음 혁명이다. 마음에 불필요한 온갖 잡동사니와 분노와 원한과 상처와 아픔을 모두 버리는 것이다. 버릴 때, 새로운 좋은 에너지가 보충이 되기 때문이다. 그래서 우리가 버릴 때, 우리는 다시 재충전이 되는 것을 느낄 수 있는 것이다.

3부. 비움의 끝에서 진정한 충만이 시작된다

아이들이 행복한 이유는 마음속에 잡동사니를 쌓아 놓고 있지 않기 때문이다.

우리는 아이들에게서 많은 것들을 다시 배워야 한다. 특히 아이들만큼 순간순간의 행복과 즐거움을 누릴 수 있는 능력을 그대로 소유하고 있는 어른들은 매우 드물다. 그래서 어른들은 아무리 행복하고 즐거운 순간에도, 미래에 대한 걱정과 과거에 대한 후회 때문에, 그 기쁨과 즐거움이 반감되어, 오롯이 즐길 수 없는 불쌍한 존재이다.

아이들은 정말로 행복한 하루하루를 보낸다. 비록 과거에 아픔이 있었다 해도, 미래에 큰 걱정거리가 있다 해도, 그들은 누구보다 더 행복한 하루하루를 보낼 수 있는 능력자들이다. 우리는 아이들에게서 그러한 능력을 다시 배워야 한다.

그렇다면 아이들은 왜 그렇게 행복한 하루하루를 보낼 수 있는 것일까? 특히 순간순간을 말이다. 그 이유는 바로 아이들은 마음에 어떠한 잡동사니라도 쌓아 놓고 있지 않기 때문이다. 그들의 마음속은 마치 저 푸른 하늘처럼, 맑은 시냇물처럼 어떠한 잡동사니도 없는 순수한 마음이다. 그래서 현재 기쁘고 즐거운 일이 있으면, 그 일이 마음을 온통 사로 잡는 다. 그래서 마음 전체가 즐거움과 기쁨으로 가득 차 있을 수 있게 되는 것이다. 하지만 어른들은 이미 마음에 온갖 상처와 아픔과 분노와 스트레스와 짜증과 증오가 가득 차 있기 때문에, 순간순간의 기쁨과 즐거움이 마음에 들어올 공간이 없다. 그래서 행복한 순간에도 행복을 누릴 수 없게 되는 것이다.

이 얼마나 가슴 아프고, 답답한 상황인가? 많은 사람이 현재의 즐거움을 100% 즐기지 못 하는 이유가 바로 이것이다. 그래서 우리는 어린아이처럼 순수한 마음, 깨끗한 마음을 다시 회복해야 한다. 그것이 행복한 삶을 살아 갈 수 있는 유일한 방법이기 때문이다. 그렇게 하기 위해서 우리가 해야 할 일은 우리의 마음에 있는 온갖 잡동사니들을 과감하게 버리는 것이다. 아까워하지 말고, 완전하게 버리면 버릴수록, 우리는 더욱 더 행복해 질 수 있다.
아이들은 하루에 수 백 번 이상을 웃는다고 한다. 하지만 성장하면서, 그 웃음의 횟수는 점점 더 작아

진다고 한다. 급기야 어른이 되면 하루에 열 번도 제대로 웃지 못한다고 한다. 정말 사는 것이 그렇게 힘들고, 기쁜 일이 없어서일까? 절대 아니다. 과거 십 년 전에 비하면, 우리 삶은 매우 윤택해졌고, 부요해졌다. 경제적으로 성장을 했다. 그렇다면 왜 우리는 자꾸 웃음을 잃어 버리고 있는 것일까? 그것은 경제 성장만 했지, 인격적인 성장, 마음의 성장은 하지 못 했기 때문이다.

먹고살기 바빠서, 경제적인 성장만 추구하다 보니까, 마음의 성장은 새까맣게 잊어 버리고 만 것이다. 그래서 경제적인 성장만 하고, 돈만 많이 벌면, 행복해지고, 삶을 누릴 수 있게 될 것이라고 생각했다. 하지만 불행하게도 우리 삶에서 돈이 우리에게 줄 수 있는 측면은 매우 제한 되어 있다는 사실이다. 다행히 우리는 그 사실을 이제 서서히 깨닫게 되었다. 그래서 돈이 없어도, 마음의 성장을 통해, 우리는 가난하지만 부요하게 살 수 있음을 알아가고 있다. 서서히 그 사실을 깨닫기 시작 했다. 우리 주위에는 돈은 많지만, 여전히 가난하게 살아가고 있는 사람이 적지 않다. 그것은 돈이 모든 것을 해

결해 주지 않기 때문이다. 그들은 돈만 있으면 모든 것을 할 수 있다고 착각 속에서 살고 있는 사람들이다.

돈이 있기 때문에 더 행복할 수 있는 사람들은 아이러니하게도, 돈이 없어도 행복하게 살 수 있는 마음의 성장을 한 사람들이다. 그래서 돈이 없어서 행복하지 못하나고 히는 사람들은 돈만 있으면 행복한 삶을 살 수 있을 것이라고 착각을 하지만, 그런 사람들은 뼈빠지게 일을 하여, 돈을 벌었지만, 그럼에도 불구하고, 여전히 가난하게 살고, 불행하게 살게 된다. 행복하게 살기 위해 돈 보다 더 중요한 것은 마음의 성장 즉, 마음 혁명이기 때문이다.

돈이 없어서 가난하게 사는 사람이라도, 행복하게 살아 갈 수 있는 사람이 있는 반면에, 돈을 힘들게 벌어서 돈이 있음에도 가난하게 사는 사람은 보나마나 행복하지 못 할 것이다. 왜냐하면 행복은 돈이 아니라, 마음의 성장에 달려 있기 때문이다. 마음의 성장을 통해, 마음을 잘 다스릴 수 있는 사람이야말로 행복한 삶을 살아 갈 수 있기 때문이다.

인생 혁명의 요체는 마음의 쓰레기를 버리는 것이다.

이 책을 집필하게 되는 데 가장 큰 영감을 준 결정적인 책이 한 권 있다. 그것은 바로 일본에서 최단기 50만 부 베스트셀러의 기록을 세운 [버림의 행복론, 단사리]라는 책이다. 이 책에서 주장하는 것 또한 버림이다. 자세히 말하면, '끊고 斷, 버리고 捨, 떠나라 離'이다. 그리고 이 책도 인생 혁명이 궁극적인 목표이다. 그런데 방법에 있어서, 이 책이 주장하는 구체적인 내용은 서랍 속부터 시작하는 자기 혁명 프로젝트이다.

이 책은 저자는 오랫동안 평범한 가정주부의 삶을 살아 온 것처럼 집안의 청소, 정리정돈을 통한 인생 혁명을 추구한다. 물론 이 책을 통해서도 많은 사람들이 삶에 큰 변화를 경험했다고 한다. 하지만 필자에게는 그러한 현상이 매우 놀라운 사실이 아닐 수 없었다. 왜냐하면 청소나 정리정돈을 통해서 우리의 어수선했던 마음이 정리정돈이 되고, 좀 더 차분해 져서, 일이나 생활에 있어서 효율성을 증가시키고, 일도 더 잘 할 수 있게, 집중할 수 있는 환경을 제공해 줄 수 있다는 점에서는 어느 정도 이 책의 주장에 동의를 하지만, 독자들의 가정과 직장생활을 변화시킬 정도의 혁명이 일어난다는 사실에 대해 매우 놀랐다.

우리 눈에 보이는 우리 주위의 환경과 물건들만 잘 정리 정돈한다 해도, 이러한 놀라운 변화가 생기는 것은 왜일까? 그것은 바로 물건을 정리한다는 행위를 통해, 우리는 물건보다도 우리 마음속의 혼돈이 정리되기 때문에, 인생을 쾌적하고, 유쾌하게 할 수 있게 되었기 때문이라고 할 수 있다. 즉 외형적으로는 사소한 물건을 정리정돈 하는 것에 불과할지 몰라도, 그 행동을 통해 정리 정돈되는 것은 우리 마음이었기 때문이다.

가정에 있는 불필요한 온갖 잡동사니를 버리는 행동을 통해, 우리 마음속의 찌꺼기들도 함께 버려지게 된다는 것이다. 그래서 결국 마음의 쓰레기가 정리 정돈되고, 버려지게 되기 때문에, 직장과 가정에서 큰 변화가 일어나게 된 것이다.

이처럼 인생을 변화시키는 데에 필요한 것은 돈이나 성공이나 출세가 아니라, 우리 마음을 변화시키고, 마음의 찌꺼기를 버릴 수 있도록 하는 도구나 장치이다. 그래서 어떤 사람은 정말 자신의 마음에 큰 감동을 주는 좋은 한 권의 책을 읽고서, 인생이 변화되기도 한다. 그리고 어떤 사람은 자신의 마음에 큰 변화를 줄만한 큰 사건이나 현실을 통해, 인생이 변화되기도 한다.

이 모든 것들의 공통점은 마음이 변화를 일으킨다는 사실이다. 모든 인생 혁명의 시작점은 바로 마음에서부터 비롯된다는 점이다.

마음의 변화 중에 가장 큰 것은 마음속에 있는 모든 쓰레기를 완전하게 버리는 것이다. 그것이 인생 혁명의 요체라고 할 수 있다. 모든 변화는 마음에서 시작된다. 그러므로 우리는 물건을 정리 정돈하던, 책을 읽던, 궁극적으로는 마음이 변화를 받아, 새롭게 될 때, 혁명이 가능해 진다.

마음의 쓰레기를 버릴 수 있는 사람은 인생 혁명의 반을 성공한 것이나 다름없다. 왜냐하면 버리는 것이 가장 힘들기 때문이다. 우리로 하여금 마음의 온갖 잡동사니를 버리지 못 하게 하는 것들이 너무 많고 강력하다.

타인에 대한 분노, 원한, 증오심, 미움, 반감, 시기, 질투, 상처, 아픔, 불안, 우울, 초조, 스트레스, 좌절, 절망, 후회 등등을 우리가 버리기 위해서는 무엇보다 우리 마음을 다스릴 줄 알아야 한다. 이러한 모든 것들 붙잡고 있는 것도 역시 마음이기 때문이다.

우리 마음으로부터 우리는 이러한 것들을 모두 버리지 못 하도록, 미련을 가지고 있고, 집착을 가지고 있다. 그래서 버리기가 그 만큼 힘든 것이다. 그렇지만 그것을 버릴 수 있도록 도와주는 것 역시 우리의 마음이다.

마음은 우리로 하여금 거인이 될 수 있도록 도와 줄 뿐만 아니라, 우리로 하여금 나약한 패배자가 되도록 도와주기도 한다. 마음이 가진 양면성 때문이다.

우리는 어떤 마음에 집중할 것인지 선택을 해야 한다. 우리로 하여금 위대한 거인이 될 수 있도록 도와주는 마음과 우리로 하여금 나약한 패배자가 되도록 이끄는 마음 중에서 하나를 선택하는 것은 우리 자신이지만, 선택된 마음은 우리 자신을 이끌게 된다.

우리 인생의 참 된 혁명은 버리는 것에서 시작 되어야 한다. 무엇인가를 추구하며, 많은 돈과 명예와 권력을 가진다고 인생 혁명을 했다고 할 수는 없기 때문이다.

돈이 많은 부자들을 잘살고 있는 사람이라고 해서는 안 되는 이유가 있다. 돈이 우리 인생을 좋게, 잘 살게 만들어 주지는 못한다. 돈은 다만 편리한 삶을 제공해 줄 수는 있지만, 인생을 잘 살게 하지는 못한다. 우리 인생을 잘 살게 해 주는 것은 누구나 다 가지고 있는 마음이다.

마음 혁명을 통해서만, 우리는 인생을 잘 살아 갈 수 있다. 마음 혁명을 통해, 우리는 모든 번잡한 생각도, 욕망도, 욕심도, 분노도, 원한도, 시기도, 질투도, 증오도, 후회도, 걱정도, 근심도, 염려도, 두려움도, 모두 온전하게 버릴 수 있어야 한다. 이러한 마음의 쓰레기를 버릴수록 우리 인생에는 혁명이 시작된다는 사실을 명심해야 한다.

다장필후망(多藏必厚亡)임을 명심하라.

욕심을 내면, 반드시 그 있는 것도 잃게 된다는 것을 우리는 명심해야 한다. 인생의 수 많은 선배가 그러한 사실을 알려주고자 마치 연기를 하는 것처럼, 그러한 경우는 반복되는 것을 볼 수 있다.

인간 불행의 최대의 원인은 바로 만족함을 모르고, 욕심을 부리는 데 있다. 만족함을 모르고, 더 많이 가지려고 하다 보면, 반드시 화를 재촉하게 되어 있다. 이것은 물질에 국한시켜서 말 하는 것이 아니다.

이 세상에 존재하는 모든 것에 대해 말 할 수 있다. 권력을 더 가지려고 하다가 생명을 재촉한 이들이 한 둘이 아니다. 인기를 더 얻으려고 하다가, 패가망신한 사람이 한 둘이 아니다. 돈을 더 가지려고 하다가, 전과자가 되어, 노후를 차가운 감옥 바닥에서 자유를 빼앗긴 채 살아가고 있는 이들이 한 둘이 아니다. 모든 것이 욕심을 버리지 못 해서 그런 것이다.

욕심을 버려야 장수하고, 행복할 수 있음을 잘 말해 주는 이야기가 있다. 바로 [이기고 시작하라]의 저자인 안세영 작가는 자신의 저서에서 다음과 같은 역사적 인물을 통해, 그 사실을 잘 말해 주고 있다.

" 고려시대 강감찬 장군은 거란의 소배압이 이끈 10만 대군을 귀주에서 대파하고 개경으로 돌아오자, 현종이 성대한 개선행사를 열고, 직접 영파역(지금의 의흥)까지 마중 나가 오색비단으로 장막을 치고, 손수 강감찬의 머리에 금화팔지를 꽂아주고, 술을 권하며 엄청난 관직을 하사하려 했다. 이때 강감찬의 입에서 튀어나온 말은 매우 의외의 말이었다.

" 폐하, 소신은 그런 관직을 맡기에는 너무나 나이가 들었습니다."

그러곤 진짜 벼슬을 사양하고 낙향해버렸다. 현종은 겉으론 아쉬워했지만 속으론 쾌재를 불렀을 것이다. 대승을 거둬 고려를 구해낸 개선장군이 왕권에 도전하기는커녕 벼슬조차 마다하다니! 이런 현명한 처신 덕분에 강감찬은 당시로서는 드물게 83세까지 장수하며 말년을 편하게 지냈다.

사실 남이 장군(조선 전기의 무신), 임경업 장군(조선 중기의 명장) 같이 전쟁에서 승리하고도 왕권의 견제를 받아 아깝게 사라진 인물이 우리 역사에 한 둘이 아니다. "

이러한 역사의 씁쓸한 면을 되돌아볼 때, 인간의 욕심은 끝이 없고, 그러한 욕심 때문에 임금은 신하를 견제하고, 신하는 임금을 두려워하면서도, 그 자리를 탐내고 있음을 알 수 있다. 이 경우에 욕심을 버리고, 더 이상 욕심을 내지 않을 때, 장수와 평안이 그 삶에 깃든다는 것을 알 수 있다. 하지만 욕심을 버리지 못한 이들은 아무리 전쟁에서 큰 공을 세웠다 해도, 오히려 그것 때문에, 견제를 받게 되고, 억울하게 죽임을 당했다는 사실을 우리는 명심해야 한다.

" 큰일을 했으면 그것으로 만족하고 기뻐하라. 더 이상 그 일로 인해 더 큰 것을 원해서는 안 된다.

멈춤을 알아야만, 더 큰 행복과 장수를 얻을 수 있다."

마키아벨리는 [군주론]이란 저서를 통해, 인간의 이러한 욕심 때문에 빚어지는 세상사에 대해 꿰뚫고 있었다. 그리고 냉정하지만, 그는 말한다. '왕권을 빼앗기지 않으려면, 군주는 전쟁에서 승리한 장군을 제거해야 한다'고 말이다.

중국 역사에서도 절반 이상의 왕조가 외적이 아닌 자기 신하에게 정권을 강탈당했다고 이 책의 저자는 말한다. 어디 중국뿐이겠는가? 우리나라 역사에도 수 많은 왕들이 타인에 의해 피살 된 것을 알 수 있지 않은가? 이 모든 것이 인간의 욕심 때문이다.

이것이 바로 노자(老子)가 [도덕경(道德經)]에서 말한 다장필후망의 교훈이 아닐까?

" 名與身孰親, 身與貨孰多, 得與亡孰病.
　명여신숙친, 신여화숙다, 득여망숙병.
　是故甚愛必大費, 多藏必厚亡, 知足不辱,知止不殆, 可以長久.
시고심애필대비, 다장필후망, 지족불욕,
지지불태, 가이장구. "

" 명예와 내 몸은 어느 게 더 귀한가?
 내 몸과 재산은 어느 것이 더 중한가?
 얻는 것과 잃는 것은 어느 것이 괴로운가?

 그러므로

 (재산에) 지나치게 집착하면, 손실이 크고,
 (재산을) 너무 많이 쌓아 두면 반드시
 그 만큼 잃게 된다.

 만족할 줄 아는 사람은 부끄러운 욕을 당하는
 일이 없고

 적당할 때 그칠 줄 아는 사람은 위태로움을
 당하지 않는다.

 그리하여 오래도록 생명을 보존할 수 있다. "

동서고금을 통해, 모든 역사를 통해 우리가 알 수 있는 한 가지 사실은 욕심을 버리고, 적당할 때 멈출 줄 아는 것이 얼마나 큰 지혜이며, 삶의 처세라는 사실이다. 그래서 이러한 멈춤의 지혜를 주제한 지학(止學)이란 책도 있는 것이다.

마음속에 털끝만큼의 시기와 질투도 버려야, 행복해 질 수 있다.

우리는 돈이 많을 때, 행복하기보다는 마음이 고요하고 평화로울 때 더 참 된 행복을 누릴 수 있다. 하지만 우리 마음속에 작은 시기심 하나가 우리 마음의 고요와 평화를 방해할 수 있다. 정말 작은 털끝만큼의 질투 하나가 우리 마음을 온통 혼란스럽게 만들 수 있다. 그것은 시기와 질투와 같은 부정적인 감정의 파괴력이 긍정적인 마음의 창조성보다 훨씬 크기 때문이다.

그래서 우리가 행복해 지기 위해서는 반드시 우리 마음속에 있는 털끝만큼의 시기와 질투도 버려야만 하는 것이다.

달라이 라마는 자신의 저서인 [행복론]에서 다음과 같이 말했다.

" 당신의 마음이 고요하고 평화로울수록
　행복하고 즐거운 삶을 누릴 가능성은 더욱 커집

니다.

고요하고 평화로운 마음에 대해 말할 때,
우리는 그것을 무감각하고 냉정한 마음과 혼동하지 말아야 합니다.

고요하고 평화로운 마음을 갖는다는 것은
마음이 완전히 텅 비어버리는 것을 의미하진 않습니다.

평화롭고 고요한 마음은 사랑과 자비심에 뿌리를 두고 있습니다.

마음을 고요하게 하는 내면의 수행이 뒤따르지 않는 한, 겉으로 보기에 아무리 편안한 환경 속에서 지내더라도 당신은 자신이 바라는 기쁨과 행복을 절대로 느낄 수 없습니다."

그의 말처럼, 우리가 아무리 겉으로 보기에 좋고 편안하고 부유한 환경 속에서 살더라도, 우리 마음을 고요하게 하는 내면의 수행이 뒤따르지 않는 한 우리는 기쁨과 행복을 절대 느낄 수 없다. 우리의 기쁨과 행복의 원천은 우리 마음에 숨어 있기 때문이다. 그 마음속에 숨어 있는 기쁨과 행복의 원천을 찾기 위해서는 그것을 덮어서, 가로 막고 있는 온갖 시기와 질투심을 버려야 하는 것이다. 그러한 부정적인 감정을 다 내다 버릴 때, 비로소 기쁨과 행복의 원천이 눈에 보이기 시작한다. 그래서 그 때부터 행복하고 즐거운 삶을 누릴 수 있게 되는 것이다.

마음이 고요하고 평화로울 때 우리는 행복할 수 있다. 그렇게 하기 위해 우리는 마음의 찌꺼기를 버려야 한다. 털끝만큼의 시기와 질투, 증오심과 원한, 분노와 미움이 남아있으면, 그것이 눈덩이처럼 커져서 우리의 행복을 가로막게 된다.

필자의 경우에도 이런 경우가 있었다. 내가 잘 알고 있는 어떤 사람이 5년 전에만 해도 나와 동급의 차를 타고 다녔다. 그리고 아파트 평수도 필자와 똑같은 30평대 아파트였다. 그런데 3년이 지나면서 그 사람은 엄청나게 좋은 자동차를 구입했다. 그런데 그것이 전부가 아니었다.

무려 50평대 아파트로 이사를 갔던 것이다. 그 순간 나는 도저히 행복할 수 없었다. 너무 샘이 났던 것이다.

시기와 질투심이 내 마음을 온통 흔들어 놓고 말았다. 그 사실을 알게 되었을 때, 나는 갑자기 세상에서 가장 초라한 사람이 되었고, 세상에서 가장 불행한 사람이 되었다. 그 순간 나는 내가 손에 들고 있었던 바가지를 던져 버렸다. 내 마음이 파괴되는 순간이었다.

그 순간 내 마음에는 고요와 평화가 사라졌다. 그리고 내 마음에 가득 찬 것은 바로 파괴적인 시기심과 질투심에 의한 분노와 우울과 반감뿐이었다. 그때는 아무리 조건과 환경이 좋아도, 절대 행복할 수 없었다.

비교 심리가 이렇게 무서운 것이라는 사실을 비로소 깨닫게 되었다. 행복은 나보다 작게 버는 사람들로 둘러싸였을 때, 발생하는 것이라는 의미심장한 말을 한 어느 경제학자의 말이 생각났다.

이 학자는 실험을 통해, 자신이 100달러를 벌지만, 이웃이 500달러를 버는 것과 자신은 비록 50달러를 벌지만, 이웃이 10달러를 버는 것 중에서 어떨 때 더 행복할 수 있느냐에 대해 연구 조사를 한 결과, 우리 인간은 수입이 적어도, 주위 사람들보다 많기만 하면, 더 행복해 질 수 있다는 결론을 내렸다고 한다.

 이것이 바로 우리 인간의 행복이 얼마나 마음 상태에 따라 달라 질 수 있는지를 정확하게 보여 주는 사례가 아닐 수 없다. 그리고 그러한 현상에는 바로 마음을 흔들어 놓고, 파괴하는 시기와 질투심이 강력하게 작동하고 있음을 우리는 알고 있다.

 그렇다면, 비교하지 않고, 시기와 질투를 버리고, 나는 나 대로의 행복을 누릴 수 있는 가장 좋은 방법은 무엇일까? 바로 자신에게 주어진 모든 것을 감사 하는 것이다. 감사 할 때, 우리 마음속에 시기와 질투가 사라지고, 우리 마음에는 만족과 평화가 넘쳐 나게 됨을 느낄 수 있다.

" 행복한 삶이란 마음의 평온을 유지하는 데 있다."

고 키케로cicero는 일찍이 말했다. 그렇다, 우리 마음의 평온을 유지할 때, 우리들은 행복한 삶을 누릴 수 있다.

에필로그: 마음혁명이 성공과 부와 행복을 가져다 준다.

" 행복한 사람들은 성공했기 때문에 행복한 것이 아니다. 그들은 마음 혁명을 통해, 행복을 누릴 수 있는 길을 발견했고, 그로 인해 성공도 할 수 있었던 것이다. 성공과 부와 행복을 결정하는 것은 바로 우리의 마음이다. 그 모든 것의 원천은 마음에서 시작 된다."

우리 인생에 혁명이 필요한 순간은 바로 지금이다. 우리가 아무리 성공을 했다 해도, 그리고 아무리 잘 나간다 해도, 우리에게 필요한 것은 마음 혁명이기 때문이다.

마음 혁명은 날마다 마음에 생기는 온갖 잡동사니와 쓰레기와 삶의 상처와 아픔과 원한과 분노와 후회와 슬픔과 불안과 초조를 끊고, 버리고, 떠나는 것이다. 이것은 마치 우리가 날마다 샤워하고, 날마다 면도해야 하는 것과 마찬가지이다.

얼굴에 나는 수염은 하룻밤 자고 나면, 어김없이 많이 자라 나 있다. 그것을 깨끗하게 면도하는 것은 우리의 모습을 단정하게 하고, 스스로 새로운 하루를 열심히, 그리고 상쾌하게 살아가고자 하는 다짐과 같은 행동이다.

몸이 너무 피곤해서, 그리고 너무 바빠서, 시간이 없어서, 면도를 하지 않고 집에서 나온 날이면, 하루 종일 찝찝하다. 마음이 개운하지 않다. 그것은 얼굴에 새록새록 자라나는 수염처럼 우리 마음에도 그러한 찌꺼기들이 날마다 자라나기 때문이다. 그래서 우리들은 날마다 마음을 다 잡아야 한다. 그래서 날마다 자신을 벼랑 위에 세우며, 자신을 시험하고, 도전하는 이들도 있다. 이런 부류의 사람들은 보지 않아도, 성공의 길을 가는 사람들이다. 하지만 마음도 몸도 그냥 내버려두면서 바쁘게만 살아가는 사람들이 있다.

이런 사람들은 매우 위험하다. 마음을 제대로 다잡지 못한 사람들은 아무리 큰 성공을 하고, 아무리 큰 돈을 벌게 된다 해도, 결코 행복할 수 없기 때문이다. 갑자기 로또에 당첨되어, 백만장자가 되는 사람들이 몇 개월 안에 그 재산을 다 탕진하고, 온전했던 가정마저,

파탄이 나고, 이혼당하고, 실직당한 사람들이 적지 않은 이유가 바로, 마음 혁명을 하지 않았기 때문이다.

마음 혁명을 통해, 자신의 마음을 다잡으며 살아가는 사람들에게 로또 당첨금과 같이 큰돈이 생겼다면, 이들은 보다 현명하게, 보다 올바르게 삶을 이끌어 갈 것이다. 그것은 참 된 부자는 돈에 의해 만들어지는 것이 아니기 때문이다.

참된 인생의 변화는 돈이나 출세, 성공에 의해 이루어 지지 않는 다. 참 된 인생의 변화는 마음 혁명을 통해서만 일어난다. 마음으로부터 진정 평화롭고, 자유롭고, 풍요로운 삶을 살고 있는지, 우리는 자신에게 자문해 보아야 한다. 진정 잘 사는 인생은 돈만 많다고 가능한 것이 아니다. 재벌 회장의 외동딸이 먼 나라에 가서 자살하는 것을 보면, 돈만 있다고 우리는 인생을 잘 살 수 있다는 망상에서 벗어날 수 있다.

" 출세와 성공, 돈과 물질과 상관없이 우리는 잘 살 수 있다. 그리고 행복할 수 있다. "

그러한 잘 사는 것은 멀리 있지 않다. 우리 외부에 있지도 않다. 바로 우리의 내면, 즉 마음속에 잠자고 있다. 우리는 그것을 깨우면 된다. 바로 마음 혁명이 그것을 깨우는 방법이라고 말 할 수 있다. 우리의 삶을 진정 변화시킬 수 있는 것은 바로 '마음'에서부터 시작 되어야 한다. 마음에서부터 평화를 찾을 수 있다면, 우리 삶도 그러해진다. 마음에서부터 풍요로워 질 수 있다면, 우리 삶도 풍요로워질 수 있다. 마음에서부터 자유로울 수 있다면, 우리 삶도 역시 자유로울 수 있다. 그것이 마음 혁명의 힘이다. 더 이상 돈이나 출세에 연연해하지 않을 수 있다. 그것과 상관없이 우리는 행복할 수 있고, 잘 살 수 있다.

우리 모두 그러한 삶을 살아 보자.

" 주는 것이 받는 것이다. " 라고 말한 성 프란체스코의 말처럼,

" 버리는 것이 얻는 것이다. " 라는 사실을 명심하며, 실천해 보자.

이러한 마음 혁명을 실천할 때, 우리의 삶이 바뀔 수 있고, 세상이 바뀔 수 있다.

누가 뭐래도 나는 믿는다.

'타인을 먼저 행복하게 하는 것이 나를 행복하게 하는 것' 이라는 사실을 말이다. 우리를 못 살게 했고, 불행하게 했고, 실패하게 했던 과거의 마음으로부터, 끊고, 버리고, 떠나자. 그래서 새로운 마음으로 새롭게 살아가자.

" 인간은 가치와 의미를 추구하고 실현하는 존재이다. 인간의 가치에는 창조의 가치, 체험의 가치, 태도의 가치 등 세 가지가 있다. 그 중에서도 가장 중요한 것은 태도의 가치이다. 인간은 어떤 환경에도 적응할 수 있다. 인간은 의식과 자유와 책임의 주체이다. 인간은 견딜 수 없고, 변화시킬 수 없는 절망적 운명에 직면하더라도 그 상황에 대해 어떤 태도든 취할 수 있고, 그가 취하는 태도에 따라서 어떤 가치도 실현할 수 있다. 인간은 절망적 상황 속에서도 의연한 자세로 의미 있는 태도를 취할 수 있고, 의미 있는 행동을 할 수 있다. 자유와 책임의 주체인 인간에게 있어서 가장 중요한 것은, 인생에 대해 어떤 태도를 취하며 어떻게 살아가느냐 하는 것이다."

[세상은 꿈꾸는 자의 것] 이라는 빅토르 프랭클의 글이다. 인간에게 가장 중요한 것은 그의 말대로 인생에 대해, 어떤 태도를 취하며, 어떻게 살아가느냐 하는 것이다. 다시 말해 인생에 중요한 성공과 실패도, 가난과 부도, 행복과 불행도 모두 마음에서부터 결정 된다는 것을 우리들은 반드시 명심해야 한다.

우리로 하여금 부자가 되게 하고, 성공과 행복을 가져다주게 하는 출발점은 바로 마음 혁명이다. 마음혁명은 평생 지속되어야 한다. 마음 혁명을 통해 새로운 삶을 살아가자! 어제와 다른 삶을 살고 싶다면, 무엇보다 마음을 혁명하라!

가난과 패배로 얼룩진 삶을 사는 이유는 우리의 마음이 늘 하던 대로의 마음으로 살아가기 때문이다. 세상 모든 사람은 자신만의 고유한 마음을 가지고 있고, 그 마음의 모습대로 사람과 세상을 인식하게 된다. 그런데 부자나 승리자들은 가난하고 인생의 낙오자와는 전혀 다른 종류의 마음을 가지고 산다. 바로 그러한 다른 종류의 마음이 부와 성공과 행복을 가르는 것이다.

 이 세상에 존재하는 두 가지 마음의 종류 중에 첫 번째 종류의 마음은 집착하고 두려워하고 구속된 마음이다. 이런 마음을 가지고 살아가는 사람들은 절대 부자가 되지 못하고, 성공하지 못한다. 이 세상에서 가장 큰 힘은 우리 내면에 존재하는 데, 이런 종류의 마음은 그 힘이 깨어나지 못하게 계속 방해하는 장애물에 불과하기 때문이다.

 반면에 우리에게 큰 성공과 큰 부와 행복을 가져다주는 두 번째 종류의 마음은 어떤 것에도 연연해하지 않는 마음이며, 어떤 분노나 두려움도 없는 강한 마음이며, 어떤 것도 확신하며 믿는 뜨거운 마음이며, 어떤 욕심이나 욕망에 사로잡힌 마음이 아니다. 이런 종류의 마음은 과거에 현인들이 군자의 마음이라고 불렀던 것이다. 군자의 마음을 가지게 될 때, 세상의 부와 성공에 집착하지 않게 되는 데, 오히려 이렇게 집착하지 않게 될 때, 세상의 부와 성공이 더 몰려들게 되는 기적이 발생하게 된다.

단사리 마음혁명은 첫 번째 종류의 마음을 두 번째 종류의 마음으로 탈바꿈시키는 것을 말한다. 그로 인해 세상의 부와 성공에 대해 그 어떤 집착이나 욕망도 없지만, 오히려 더 성공하게 되고, 더 큰 부자가 될 수 있다. 그러므로 이제 끊고(斷), 버리고(捨) 떠나자(離).

새롭고 눈부신 미래를 마음 혁명과 함께 맞이해 보자. 바로 단사리 마음 혁명이 그것을 가능하게 해줄 것이다. 그러므로 지금 당장 마음을 혁명하라. 무릇 지킬만한 것보다 더욱더 마음을 지켜라. 그것이 부와 성공의 길이며, 행복과 번영의 길이다.

판권

종이책 : 값 12,000 원

초판 인쇄: 2025년 11월 30일
초판 발행: 2025년 11월 30일

지은이: 김병완
발행인: 플랫폼연구소

출판등록: 제 2020-000075호

전화: 010-3920-6036 / 02-556-6036
이메일: pflab2020@naver.com

주소:서울시 강남구 삼성동 116 백우빌딩 402호

ISBN 979-11-91396-72-0(03190)

* 이 책의 전부 또는 일부 내용을 재사용하시려면 사전에 저작권자와 도서출판 (주) 플랫폼연구소의 동의를 받아야 합니다.

* 잘못된 책은 구입하신 서점에서 교환하여 드립니다.